La sabiduría de
Juan Pablo II

La sabiduría de Juan Pablo II

*Los pensamientos del Papa sobre
temas fundamentales*

SELECCIÓN DE

Nick Bakalar y Richard Balkin

INTRODUCCIÓN DEL

Padre John White

VINTAGE ESPAÑOL

VINTAGE BOOKS
UNA DIVISIÓN DE RANDOM HOUSE, INC.
NUEVA YORK

Biblioteca del Congreso Catalogando-en-Datos
John Paul II, Pope, 1920–
[Wisdom of John Paul II. Spanish]
La sabiduría de Juan Pablo II : los pensamientos del Papa sobre temas
fundamentales / selección de Nick Bakalar y Richard Balkin ; introducción
del Padre John W. White.
p. cm.
Originally published: San Francisco : HarperSanFrisisco, c1995.
ISBN 0-375-71303-4 (trade paper)
1. Spiritual life—Catholic Church. 2. Catholic Church—Doctrines.
I. Bakalar, Nick. II. Balkin, Richard. III. Title.

BX2350.3 .J6418 2001
282—dc21   2001026783

www.vintagebooks.com

Impreso en los Estados Unidos de América

Para Tony y Ann

Sine amicitia vitam esse nullam.

ÍNDICE

O Divino Maestro...que no busque tanto ser consolado como consolar, ser comprendido como comprender, ser amado como amar. Porque dando se recibe, olvidando se encuentra, perdonando se es perdonado, y muriendo se resucita a la vida eterna.

Oración de San Francisco citada por el Papa
en la reunión con líderes interreligiosos
en Los Ángeles, 16 de septiembre de 1987

El 15 de octubre de 1978, Karol Józef Wojtyla de Cracovia, Polonia, fue elegido Su Santidad, el Papa Juan Pablo II, líder de mil millones de católicos romanos, el 262° sucesor de San Pedro, y el primer papa que no es italiano en 455 años. El íntimo amigo y compatriota del Papa recién elegido, el Cardenal Stefan Wyszynski de Varsovia, está entendido que le dijo: "Si Dios lo ha elegido, Dios lo ha elegido para dirigir la Iglesia al tercer milenio". Hoy dentro de un rato, el 6 de enero de 2001, la fiesta de la Epifanía, el Papa va a cerrar la Puerta Sagrada en la basílica de San Pedro, simbolizando el final de la celebración del Gran Año de Jubileo del segundo milenio del nacimiento de Cristo. ¡Cuando el Papa se arrodille para rezar ante la puerta gigante que está cerrada en el vestíbulo de San Pedro, las palabras del Cardenal Wyszynski demostrarán ser increíblemente poéticas! Sólo cuando los historiadores revisen el programa del Año del Gran Jubileo de la Iglesia, los preparativos interminables, el asombroso calendario mundial de eventos y actividades, las cartas apostólicas, las exhortaciones, los sermones papales y la influencia general de esta conmemoración de su papado y el programa entero de Juan Pablo II, en ese momento va a ser muy claro lo profundo que esta profecía de su mentor penetró el alma del Papa.

Desde el principio de su pontificio hace veintidós años, el cambio del milenio nunca ha estado lejos de la mente del Papa. La importancia del hito del año 2000, su significado espiritual y potencial para renovar el cristianismo con el pensamiento y las enseñanzas del Papa se puede apreciar en su carta apostólica *Tertio millennio adveniente* ("Hacia el tercer milenio") que fue promulgado en noviembre de 1994. En ese documento fundamental, que anunció el comienzo formal de los preparativos de la Iglesia para el Jubileo, Juan Pablo revela que "la preparación para el año 2000" se debiera entender como la "clave de mi pontificio". Es decir que la enorme riqueza de más de veinte años de enseñanzas papales, la cantidad pasmosa de viajes, los sínodos de obispos, las conmemoraciones de los grandes eventos históricos y religiosos, se debieran ver teológicamente como componentes de un gran plan providencial para un cristianismo revivificado en el tercer milenio, realizado a través de una devoción más profunda a la persona de Jesucristo y un compromiso más generoso a vivir el Evangelio del amor día a día. Efectivamente, el Jubileo del 2000 juega un papel tan fundamental en la forma en que el Papa encara su propia misión y su perspectiva teológica, que el Papa entiende aún el evento espiritual y religioso central y principal del siglo, el Concilio Vaticano II (1962–1965), como una preparación, la preparación más importante de todas en el plan de Dios para el tercer milenio cristiano.

El Papa agregó en *Tertio millennio adveniente* que todos los preparativos y los planes de la Iglesia serían animados y formados por el espíritu del Concilio Vaticano y "expresó un compromiso renovado para aplicar lo mas fielmente posible las enseñanzas del Vaticano II". Esto dió a los hijos de la Iglesia un ánimo y apoyo nuevos para el descubrimiento de Dios en sus vidas, para poder usar sus dones y talentos para el bien de sus hermanos y de sus comunidades y por su compromiso a la justicia social y al mundo entero. El Papa ofreció una analogía nueva que revela su punto de vista con respecto a la relación entre el Concilio y el milenio: como la temporada de Adviento está relacionada a la Navidad, así el Concilio Vaticano está relacionado a la celebración de la Iglesia del año de Jubileo. En muchos sentidos, esta es una conexión extraordinaria. No nos sorprende, entonces, que cuando el Public Broadcasting System presentó hace poco un perfil a fondo y un análisis del pontificio de Juan Pablo II, los productores decidieron titular la presentación *Juan Pablo II: El Papa del Milenio.* Sin duda, los productores lo han acertado bien.

De cualquier manera, el programa del Gran Jubileo 2000 del Papa Juan Pablo, ya completo, se debiera declarar un gran éxito. Las expectativas del Vaticano fueron sobrepasadas por su colaboración con los obispos católicos del mundo y con las conferencias nacionales de obispos en la formación de una conciencia del Año de Jubileo entre los católicos, creando una conciencia de lo extraordinario y de la oportunidad del momento a través de oraciones especiales, celebraciones litúrgicas y actividades en la comunidad, al decir de todos. Todas las celebraciones del año del Jubileo, que ocurren cada cincuenta años en la historia de la Iglesia, están especialmente dedicadas a la proclamación de la misericordia de Dios, el perdón de los pecados y la necesidad de la reconciliación entre los seres humanos. Durante el Gran Año 2000 del Jubileo por todo el mundo, cada diócesis ofreció "Días de Reconciliación" que transcurrieron acompañados de una propaganda extensiva y unas campañas educativas, invitando a todos los católicos, pero especialmente a los que están alejados de la Iglesia, a "volver al hogar" y a sentir la misericordia de Dios. Estos días especiales consistieron en el ofrecimiento del sacramento de la reconciliación durante todo el día. A decir de todos, estos esfuerzos fueron muy exitosos, particularmente aquí en los Estados Unidos.

Los medios de comunicación cubrieron una serie de proyectos papales que trataban de llamar la atención a diferentes sectores de la comunidad con necesidades especiales, tales como los ancianos, los enfermos, los pobres; a las injusticias y desigualdades del mundo, especialmente el peso aplastante de la deuda sobre las naciones más pobres del mundo; y a la necesidad del perdón y la reconciliación entre las personas. Generalmente fué bien recibida la "Homilía del Santo Padre pidiendo disculpas" del primer domingo de cuaresma el 12 de marzo de 2000, en la que pide perdón por las ofensas cometidas en la historia por "algunos hijos e hijas de la Iglesia", particularmente esas ofensas dirigidas hacia los "hermanos y hermanas mayores en la fe" de la Iglesia, como el Papa se refiere a la comunidad judía, y especialmente por el silencio cristiano con respecto a la maldad monstruosa del Holocausto. Esta dramática petición de disculpas inauguró e inspiró una gran reflexión e introspección católica. La peregrinación del Papa a la Tierra Santa y su visita a Israel en marzo, que incluyó una oración para el perdón y la reconciliación del Papa en el Muro de las Lamentaciones de Jerusalén, fue muy conmovedora, y fue muy seguida y documentada por todo el mundo. El Día de la Juventud en Roma en agosto atrajo dos mil millones de jóvenes de todos los rincones del mundo, y generó una gran atención al Año del Jubileo y un torrente de emoción para el Papa, particularmente en Europa y Asia. Las celebraciones especiales para los enfermos, los ancianos, los inmigrantes, los encarcelados, fueron finalmente hechas, emocionantes e llenas de inspiración.

Se debe mencionar el esfuerzo en el Año del Jubileo del Papa Juan Pablo para invitar a las naciones ricas del mundo a perdonar la deuda del tercer mundo y a unirse al movimiento para un plan comprensivo de alivio de la deuda externa. En el centro de todas las celebraciones del Jubileo en la historia de la Iglesia está el tema del perdón de la deuda, que siempre ha incluído consideraciones económicas, interpersonales y espirituales. El principio del Jubileo que termina en la respuesta del cristiano a la deuda es fundamental: tal como Dios nos perdona nuestras deudas, nosotros debiéramos perdonara los que están endeudados con nosotros. Y en la espiritualidad del Jubileo este perdón debiera ser real y práctico. El Papa hizo que la iniciativa del alivio de la deuda externa fuera una campaña central del Año del Jubileo 2000. Apoyado por el vocalista Bono, del grupo irlandés U2, además de una coalición de líderes religiosos, de gobierno y seculares de todo el mundo, el Papa llevó la delantera del esfuerzo exitoso de convencer al congreso de los Estados Unidos a asignar 435 mil millones de dólares como contribución de los Estados Unidos a la iniciativa global de auxilio, y llegó a presentar este problema ante el Banco Mundial y el Fondo Monetario y ante las Naciones Unidas y la conciencia del mundo. Desde la perspectiva de la enseñanza social de la iglesia, éste acontecimiento fué muy positivo y muy bien recibido. El Papa cree que esto es un acontecimiento muy importante que nació de los esfuerzos del Año del Jubileo.

Hoy, el 6 de enero de 2001, en la fiesta de la Epifanía, termina la gran celebración del Jubileo del nacimiento de Cristo hace 2000 años en Belén, "el evento más importante de la historia", como ha dicho el Papa. El Papa Juan Pablo ha llegado a ver a la Iglesia y al mundo hacer historia. ¿Ha terminado la era de Juan Pablo II, el Papa del milenio, como se ha mencionado en varios artículos religiosos y noticias periodísticas? ¿Es posible que el Papa sorprenda a la Iglesia siendo el primer papa desde Clemente V hace 706 años, que se retire del papado, como un obispo alemán conocido dijo que podía pasar hace poco? Es imposible saber la respuesta a estas preguntas, al menos por ahora. Pero el Papa, a pesar de tener ochenta años y sufrir de Parkinson y de una cadera fracturada, ha sobrevivido el calendario brutal y frenético del Año del Jubileo. El *New York Times* informó el 2 de enero de 2001 que el Papa parecía estar mejor de lo que había estado en mucho tiempo, cuando proclamó el Mensaje del Día Mundial de la Oración por la Paz, el día del año nuevo en la catedral de San Pedro. ¿Quién puede adivinar las intenciones de Dios en éste tema? Lo que sabemos del Papa es ésto: el hombre que fue anunciado por la revista *Time* como una de las veinte personas del siglo xx que "ayudó a definir la fábrica política y social de nuestra época", que ha sido llamado por algunos "la persona del siglo", y por otros "el profeta del milenio", el Papa Juan Pablo continúa completando su plan para su papado, la Iglesia y la causa de la libertad, la paz y la justicia en el mundo. No tenemos ninguna indicación de que sus planes hayan cambiado.

Y a pesar de sus limitaciones físicas y de sus debilidades, el Papa continúa provocando y mandando, a veces más que nunca. Sin temor, sigue expresando ante el mundo sus pensamientos sobre el sentido de la vida humana y su visión para un mundo mejor que el que existe hoy. Por su determinación asombrosa y su persistencia en su misión por el alma de la humanidad y la salvación del mundo, una sigue a imponiendo gran atención y respeto. Sus viajes por el mundo, que han llegado a ser más de 100, para despertar la fe, despertar la compasión y consolar a los ansiosos, han conmovido el alma de toda una generación de la humanidad. Como el líder de la cruzada de la Iglesia por las naciones pobres del mundo, el Papa hace campañas con la estrella de rock Bono. Cuando preside sobre un festival de oración para la juventud en Bolonia que nos hace recordar a Woodstock, el Papa tararea y zapatea mientras Bob Dylan canta su canción *"Knocking on Heaven's Door"*. El crítico más importante de la cultura occidental, con su despliegue publicitario, consumo notable y celebridad, es posiblemente la estrella más impactante de todas. Es al mismo tiempo viejo pero con un aire de juventud; conservador y liberal; tradicionalista y progresista; reaccionario y radical. Es, como se ha dicho antes, un signo de contradicción, ofreciendo un testimonio como nunca se ha visto y nunca se verá jamás.

El Papa sigue varios críticos, dentro y fuera de la Iglesia. Algunos argumentan que mientras alienta a los que disienten de los regímenes autocráticos, él mismo ha aplastado no sólo la disensión sino también la discusión de posiciones contrarias a las de él. Los críticos insisten en que no ha sido razonable en cuanto a los temas del sacerdocio de la mujer y el clero casado. Él es insistentemente criticado por lo que se dice que es una preocupación con el aborto y la ética sexual. La crítica más dura nace de su práctica del nombramiento de obispos que son teológicamente y políticamente muy conservadores, de fuera de la diócesis, y con frecuencia no hace caso a las sugerencias de líderes locales de la Iglesia.

A pesar críticas y aclamaciones, el Papa ha mantenido su visión inquebrantable, ha absorbido tanto la condenación como el aplauso, y ha dado todo lo mejor a su misión. Esto lo continúa haciendo.

Este libro representa un panorama del pensamiento, la visión y la esperanza del Papa Juan Pablo en este momento extraordinario de la historia de la Iglesia y del mundo. Este libro está dividido en categorías temáticas que surgen del conjunto de enseñanzas, sermones y escrituras de Juan Pablo, con una nota editorial que introduce cada sección. Los editores ofrecen una muestra representativa de párrafos, queriendo capturar el corazón, la mente y el espíritu del Papa en sus propias palabras.

La *epifanía* es una palabra griega que en español quiere decir "manifestación". La fiesta de la Epifanía celebra la primera manifestación del Señor a los gentiles, simbolizado en la visita de los Reyes Magos a Belén para rendir homenaje al niño Jesús. Una de las manifestaciones que Dios nos ofrece en este tiempo y en esta fiesta de la Epifanía del año 2001, el día en que el Gran Año de Jubileo se termina, es que en la persona del Santo Padre, el Papa Juan Pablo, Dios visita a su pueblo con un mensaje de amor y esperanza, solidaridad y paz; con una invitación a la fe é la oración, la integridad y la santidad. Espero que este libro ayude a aclarar y a subrayar esa manifestación.

Es un honor especial poder contribuir esta breve introducción a las palabras de este siervo de Dios tan importante, lleno de fe e inspiración, el Papa Juan Pablo II, en la fiesta de la Epifanía, el día que termina la celebración del Gran Año del Jubileo del segundo milenio del nacimiento del Príncipe de la Paz y del Evangelio del Amor.

PADRE JOHN W. WHITE
Nueva York
6 de enero del 2001

UNA NOTA SOBRE
LOS TEXTOS

Las encíclicas, las exhortaciones apostólicas y las cartas del Papa se citan por su título y año. Los discursos *Ad Limina,* que siempre se dan en Roma, se identifican por la fecha y el grupo de obispos en la audiencia. La mayoría de las citas, sin embargo, están tomadas de los discursos del Papa durante sus viajes por todo el mundo. Estos se citan dando la fecha y el lugar, y cuando atañe al tema, la audiencia: obreros en discursos sobre el trabajo, grupos de jóvenes, para discursos sobre la juventud, las Naciones Unidas para ciertas observaciones sobre los derechos humanos, etc. Además, donde parecía ser útil, damos también el tema o el título del discurso que aparece en el texto escrito. Muchos de los discursos del Papa se dieron a audiencias en el Vaticano, a multitudes en estadios de deportes, a grupos pequeños en aeropuertos, etc. Estos discursos se citan sólo por el lugar y la fecha.

La sabiduría de
Juan Pablo II

LA ESPIRITUALIDAD
CONTEMPORÁNEA

El Papa Juan Pablo pide a los cristianos que renueven su vida espiritual. El Papa insiste en que, así como el cuerpo requiere pan para crecer, el alma necesita beber de las aguas vivas del Evangelio. Atender a las necesidades físicas y espirituales es imprescindible para una vida armoniosa.

Juan Pablo reconoce el valor del despertar del sentido religioso en los movimientos contemporáneos espirituales. Estos movimientos, por ejemplo, inspiran un profundo respeto hacia la tierra y van más allá de formas meramente racionales de la religión. Despiertan la imaginación y las sensibilidades religiosas que han estado hundidas bajo el materialismo y la secularización moderna. Pero el Papa también rechaza claramente las formas modernas de la espiritualidad que entran en conflicto con el mensaje del Evangelio y, en vez de aclarar, confunden la relación del ser humano con Dios.

En particular, Juan Pablo subraya el papel de los sacramentos de la Eucaristía y de la reconciliación. Los cristianos sienten el amor de Dios en la Eucaristía y reciben la misericordia de Dios en el sacramento de la reconciliación. A través de los sacramentos, los cristianos de la hoy profundizan su camino espiritual.

En la carrera por el progreso tecnológico, el ser humano se ha separado de sí mismo. Como consecuencia, participa en movimientos espirituales nuevos que tratan de llenar este vacío. Aunque la Iglesia puede aprender de estos movimientos espirituales, Juan Pablo mantiene firme los últimos 2000 años de tradición cristiana. Los cristianos del mundo moderno se enfrentan con una situación compleja: deben satisfacer necesidades nuevas al mismo tiempo que se mantienen firmes en su patrimonio bíblico.

LA ESPIRITUALIDAD CONTEMPORÁNEA

Cuando los individuos y las comunidades no vemos rigurosamente respetadas nuestras exigencias morales, culturales y espirituales fundadas sobre la dignidad de la persona y sobre la identidad propia de cada comunidad, comenzando por la familia y las sociedades religiosas, todo lo demás —disponibilidad de bienes, abundancia de recursos técnicos aplicados a la vida diaria, un cierto nivel de bienestar material— resultará insatisfactorio y, a la larga, despreciable.

CARTA ENCÍCLICA SOBRE LA SOLICITUD SOCIAL
(Sollicitudo rei socialis), 1987

Un desarrollo solamente económico no es capaz de liberar al hombre; al contrario, lo esclaviza todavía más. Un desarrollo que no abarque la *dimensión cultural, trascendente y religiosa* del hombre y de la sociedad, en la medida en que no reconoce la existencia de tales dimensiones no orienta, en función de las mismas, sus objetivos y prioridades, y contribuiría aún menos a la verdadera liberación. El ser humano es totalmente libre, sólo cuando es *él mismo,* en la plenitud de sus derechos y deberes; y lo mismo cabe decir de toda la sociedad.

CARTA ENCÍCLICA SOBRE LA SOLICITUD SOCIAL
(Sollicitudo rei socialis), 1987

La progresiva indiferencia religiosa lleva a la pérdida del sentido de Dios y de su santidad, lo cual a su vez se traduce en una pérdida del sentido de lo sacro, del misterio y de la capacidad de admirarse, como disposiciones humanas que predisponen al diálogo y al encuentro con Dios. Tal lleva casi inevitablemente a una falsa autonomía moral y a un estilo de vida secularista, que excluye a Dios. A la pérdida del sentido de Dios le sigue la pérdida del sentido del pecado, el cual tiene su raíz en la conciencia moral del hombre. Este es el otro gran obstáculo para la conversión.

LINEAMENTA DE LA ASAMBLEA PARA AMÉRICA DEL SÍNODO DE
LOS OBISPOS, 18 de septiembre de 1996

En un mundo invadido por mensajes audiovisuales de todo tipo, es necesario recuperar zonas de silencio que permitan a Dios hacer oír su voz y al alma comprender y acoger su palabra. Esto es lo que enseña el luminoso ejemplo de innumerables santos y beatos, que nos han precedido glorificando a Dios con el recogimiento orante de sus vidas, y de mártires, que eligieron por amor "el silencio" de la entrega total de sus vidas como respuesta al amor de Dios experimentado en la Palabra y en la Eucaristía.

DISCURSO A LA CONGREGACIÓN DEL CULTO DIVINO,
3 de mayo de 1996

No son pocos los que hoy se preguntan con perplejidad: ¿Para qué sirve la vida consagrada? ¿Por qué abrazar este género de vida cuando hay tantas necesidades en el campo de la caridad y de la misma evangelización a las que se puede responder también sin asumir los compromisos peculiares de la vida consagrada? ¿No representa quizás la vida consagrada una especie de "despilfarro" de energías humanas que serían, según un criterio de eficiencia, mejor utilizadas en acciones más provechosas para la humanidad y la Iglesia...Lo que a los ojos de los hombres puede parecer un despilfarro, para la persona seducida en lo más hondo de su corazón por la belleza y la bondad del Señor es una respuesta obvia de amor, exultante de gratitud por haber sido admitida de manera totalmente particular al conocimiento del Hijo y a la participación en Su misión divina en el mundo.

EXHORTACIÓN APOSTÓLICA SOBRE LA VIDA CONSAGRADA
(*Vita consecrata*), 25 de marzo de 1996

La cuaresma es, pues, una ocasión providencial para llevar a cabo ese desapego espiritual de las riquezas para abrirse así a Dios, hacia el cual el cristiano debe orientar toda la vida, consciente de no tener morada fija en este mundo, porque "somos ciudadanos del cielo" (Flp 3, 20). En la celebración del misterio pascual, al final de la cuaresma, se pone de relieve cómo el camino cuaresmal de purificación culmina con la entrega libre y amorosa de sí mismo al Padre. Este es el camino por el que el discípulo de Cristo aprende a salir de sí mismo y de sus intereses egoístas para encontrar a los hermanos con el amor.

MENSAJE PARA LA CUARESMA, 25 de octubre de 1996

...cabe recordar que un estado moderno no puede hacer del ateísmo o de la religión uno de sus ordenamientos políticos. El estado, lejos de todo fanatismo o secularismo extremo, debe promover un sereno clima social y una legislación adecuada que permita a cada persona y a cada confesión religiosa vivir libremente su fe, expresarla en los ámbitos de la vida pública y contar con los medios y espacios suficientes para aportar a la vida nacional sus riquezas espirituales, morales y cívicas.

DOCTRINA DE LA LIBERTAD Y DE LA SOLIDARIDAD.
Homilía en la Habana en la Plaza de "José Martí", 25 de enero de 1998

Los católicos norteamericanos, junto con los demás cristianos y con todos los creyentes, tienen la responsabilidad de asegurar que el misterio de Dios y la verdad sobre la humanidad, que se revela en el misterio de Dios, no sean excluidos de la vida pública.

LA VERDAD MORAL, LA CONCIENCIA
Y LA DEMOCRACIA AMERICANA.
Discurso Ad Limina de los obispos de los Estados Unidos, 27 de junio de 1998

El discípulo de Cristo debe afrontar constantemente un "ateísmo práctico" bastante difundido, una indiferencia con respecto al plan de amor de Dios, que oscurece el sentido religioso y moral del corazón humano. Muchos piensan y actúan como si Dios no existiese, o tienden a privatizar el credo y la práctica religiosa, de forma que existe una tendencia a la indiferencia y a la eliminación de toda referencia real a verdades y valores morales vinculantes. Cuando los principios fundamentales que inspiran y orientan el comportamiento humano son fragmentarios e incluso a veces contradictorios, la sociedad lucha cada vez más por mantener la armonía y el sentido del propio destino. En el deseo de encontrar un terreno común para fundar sus programas y su política, tiende a limitar la contribución de aquellos cuya conciencia moral está formada por sus creencias religiosas.

DISCURSO *AD LIMINA* A LOS OBISPOS DE NEW JERSEY
Y PENNSYLVANIA, 11 de noviembre de 1993

La Iglesia siente el deber de anunciar la liberación de millones de seres humanos, el deber de ayudar a que se consolide esta liberación; pero siente también el deber correspondiente de proclamar la liberación en su sentido integral, profundo, como lo anunció y realizó Jesús. "Liberación de todo lo que oprime al hombre, pero que es, ante todo, salvación del pecado y del maligno, dentro de la alegría de conocer a Dios y de ser conocido por Él". Liberación hecha de reconciliación y perdón. Liberación que arranca de la realidad de ser hijos de Dios, a quien somos capaces de llamar ¡Abba!, ¡Padre! (Rom 8, 15), y por la cual reconocemos en todo hombre a nuestro hermano, capaz de ser transformado en su corazón por la misericordia de Dios. Liberación que nos empuja, con la energía de la caridad, a la comunión, cuya cumbre y plenitud encontramos en el Señor. Liberación como superación de las diversas servidumbres e ídolos que el hombre se forja y como crecimiento del hombre nuevo. Liberación que dentro de la misión propia de la Iglesia no se reduzca a la simple y estrecha dimensión económica, política, social o cultural, que no se sacrifique a las exigencias de una estrategia cualquiera, de una praxis o de un éxito a corto plazo.

DISCURSO EN PUEBLA A LOS OBISPOS LATINOAMERICANOS,
28 de enero de 1979

No es exagerado afirmar que la relación del hombre con Dios y la exigencia de una experiencia religiosa constituyen el punto crucial de la crisis profunda que afecta al espíritu humano. Mientras sigue avanzando la secularización de muchos aspectos de la vida, hay una nueva demanda de espiritualidad, como lo muestra la aparición de muchos movimientos religiosos y terapéuticos, que pretenden dar una respuesta a la crisis de valores de la sociedad occidental. Esta inquietud del *homo religiosus* produce algunos resultados positivos y constructivos, como la búsqueda de un nuevo significado de la vida, una nueva sensibilidad ecológica y el deseo de ir más allá de una religiosidad fría y racionalista. Por otra parte, este despertar religioso trae consigo algunos elementos muy ambiguos, incompatibles con la fe cristiana.

DISCURSO *AD LIMINA* A LOS OBISPOS DE LOS ESTADOS UNIDOS.
Más allá de las ideas New Age: *Una renovación espiritual,*
28 de mayo de 1993

El racionalismo moderno *no soporta el misterio.* No acepta el misterio del hombre, varón y mujer, ni quiere reconocer que la verdad plena sobre el hombre ha sido revelada en Jesucristo. Concretamente, no tolera el "gran misterio", anunciado en la Carta a los Efesios, y lo combate de modo radical. Si, en un contexto de vago deísmo, descubre la posibilidad y hasta la necesidad de un Ser supremo divino, rechaza firmemente la noción de un Dios que se hace hombre para salvar al hombre. Para el racionalismo es impensable que Dios sea el Redentor y menos *que sea "el Esposo",* fuente originaria y única del amor conyugal humano. El racionalismo interpreta la creación y el significado de la existencia humana de manera radicalmente diversa; pero si el hombre pierde la perspectiva de un Dios que lo ama y, mediante Cristo, lo llama a vivir en Él y con Él; si a la familia no se le da la posibilidad de participar en el "gran misterio", ¿qué queda sino la sola *dimensión temporal de la vida?* Queda la vida temporal como terreno de lucha por la existencia, de la búsqueda afanosa de la ganancia, sobre todo económica.

CARTA A LAS FAMILIAS POR EL AÑO INTERNACIONAL DE LA
FAMILIA, 22 de febrero de 1994

Muchos piensan, tal vez, que la piedad y la conversión son herramientas inadecuadas para solucionar los problemas sociales. Algunos se sienten tentados a aceptar ideologías que usan la fuerza para llevar sus programas a cabo e imponer su visión. Tales medios a veces producen lo que aparenta ser éxito. Pero estos éxitos no son verdaderos. La fuerza y la manipulación no tienen nada que ver con el verdadero desarrollo, ni con la defensa de la dignidad humana. La doctrina social de la Iglesia es totalmente diferente, no sólo en las metas sino también en los medios a utilizar. Para el cristiano, el intento de rectificar desgracias humanas debe tomar en cuenta necesariamente la realidad de la creación y la redención. Requiere tratar a cada ser humano como a un hijo de Dios, como un hermano o una hermana de Jesucristo. El camino de la solidaridad humana es el camino del servicio; y el servicio verdadero requiere un amor desinteresado que está abierto a las necesidades de todos, sin distinción de ninguna clase, con el propósito explícito de reforzar en cada persona la dignidad que ha recibido de Dios.

DISCURSO A CARITAS, *California*, 13 de septiembre de 1987

La separación entre espíritu y cuerpo en el hombre ha tenido como consecuencia que se consolide la tendencia a tratar el cuerpo humano no según las categorías de su semejanza específica con Dios, sino según las de su semejanza con los demás cuerpos del mundo creado, utilizados por el hombre como instrumentos de su creatividad para la producción de bienes de consumo. Pero todos pueden comprender inmediatamente cómo la aplicación de tales criterios al hombre conlleva enormes peligros. Cuando el cuerpo humano, considerado independientemente del espíritu y del pensamiento, es utilizado como un material al igual que el de los animales —esto sucede, por ejemplo, en las manipulaciones de embriones y fetos— se camina inevitablemente hacia una terrible derrota ética.

CARTA A LAS FAMILIAS PARA EL AÑO INTERNACIONAL
DE LA FAMILIA, 22 de febrero de 1994

Se habla mucho, desde hace algunos años, de un mundo secularizado, de una era poscristiana. La moda pasa...Pero permanece una realidad profunda. Los cristianos de hoy deben ser formados para vivir en un mundo que ignora ampliamente a Dios o que, en materia religiosa, en lugar de un diálogo exigente y fraterno, estimulante para todos, cae muy a menudo en una indiferencia niveladora, cuando no se queda en una actitud menospreciativa de "suspicacia" en nombre de sus progresos en materia de "explicaciones" científicas. Para "entrar" en este mundo, para ofrecer a todos un "diálogo de salvación" donde cada uno se siente respetado en su dignidad fundamental, la de buscador de Dios, tenemos necesidad de una catequesis que enseñe a los jóvenes y a los adultos de nuestras comunidades a permanecer lúcidos y coherentes en su fe, afirmar serenamente su identidad cristiana y católica, a "ver lo invisible" y adherirse de tal manera al absoluto de Dios que puedan dar testimonio de Él en una civilización materialista que lo niega.

EXHORTACIÓN APOSTÓLICA SOBRE LA CATEQUESIS
EN NUESTRO TIEMPO *(Catechesi tradendae)*, octubre, 1979

Durante sus viajes por todo el mundo, el Papa Juan Pablo II se ha dirigido francamente a los gobiernos que no satisfacen los requisitos básicos de los derechos humanos. Durante su visita a Buenos Aires, mencionó directamente la "guerra sucia" del gobierno argentino, y se reunió con uno de los pocos obispos del país que habían hablado en contra del gobierno. En África, en 1985, suplicó directamente al Presidente Mobutu de Zaire, y condenó el *apartheid* de Sudáfrica. En Corea del Sur, habló en público y en privado de la necesidad de mayor democracia y de respeto para la libertad personal del individuo. No hay gobierno que se salve: el Santo Padre ha condenado a los gobiernos de la derecha y la izquierda por lo que él percibe como violaciones de los derechos humanos.

No hay duda de que las exhortaciones del Papa han tenido resultados prácticos. Mikhail Gorbachev le ha dado al Santo Padre mucho crédito por la liberalización de Europa del Este, y Lech Walesa ha reconocido que la ayuda del Papa fue esencial en la preservación de los logros de *Solidaridad* en Polonia.

La campaña del Papa Juan Pablo por los derechos humanos ha subrayado siempre que la justicia social no llega a través del odio entre clases o la violencia. En países pobres del mundo, ha recordado a los ricos que la seguridad no se compra a costa de violar los derechos de los pobres, y que la expropiación de la tierra, bajo ciertas circunstancias, es una respuesta apropiada a la explotación. Si Juan Pablo es tradicional en temas teológicos, no ha dudado en defender soluciones radicales a problemas sociales.

LOS DERECHOS HUMANOS

La visión cristiana valora a los seres humanos de acuerdo a lo que son, no a lo que tienen. Al amar a los pobres y servir a los necesitados, la Iglesia busca sobre todo respetar y sanar su dignidad humana. El propósito de la solidaridad y del servicio cristiano es defender y promover, en el nombre de Jesucristo, la dignidad y los derechos humanos fundamentales de todas las personas. La Iglesia da testimonio al hecho de que la dignidad humana no puede ser destruida, cualquiera que sea la situación de pobreza, desprecio, rechazo, o impotencia a la que un ser humano ha sido reducido. Muestra su solidaridad con los que no cuentan en una sociedad que los rechaza espiritual y a veces físicamente.

DISCURSO EN SAN ANTONIO, 13 de septiembre de 1987

En el mundo deprimido del campo, el trabajador que con su sudor riega también su desconsuelo, puede esperar más a que se reconozca plena y eficazmente su dignidad, no inferior a la de cualquier otro sector social.

DISCURSO A LOS INDÍGENAS Y CAMPESINOS DE CUILAPA,
Oaxaca y Chiapas, 29 enero de 1979

¿Cómo no pensar también en la violencia contra la vida de millones de seres humanos, especialmente niños, forzados a la miseria, a la desnutrición y al hambre, a causa de una inicua distribución de las riquezas entre los pueblos y las clases sociales? ¿O en la violencia derivada, incluso antes que de las guerras, de un comercio escandaloso de armas, que favorece la espiral de tantos conflictos armados que ensangrientan al mundo? ¿O en la siembra de muerte que se realiza con el temerario desajuste de los equilibrios ecológicos, con la criminal difusión de la droga, o con el fomento de modelos de práctica de la sexualidad que además de ser moralmente inaceptables, son también portadores de graves riesgos para la vida?

CARTA ENCÍCLICA SOBRE EL EVANGELIO DE LA VIDA
(Evangelium vitae), 1995

Por esta misma razón, considero un deber hacerme intérprete, una vez más, de estos derechos inviolables del ser humano ya desde su concepción, para todos los embriones a los que, frecuentemente, se aplican técnicas de congelación (crioconservación) y que, en muchos casos, se convierten en meros objetos de experimentación o, peor aún, se destinan a una destrucción programada con el respaldo legislativo. Confirmo, asimismo, como gravemente ilícito para la dignidad del ser humano y de su ser llamado a la vida, el recurso a los métodos de procreación que la instrucción *Donum vitae* ha definido como inaceptables para la doctrina moral.

DISCURSO DURANTE EL SIMPOSIO SOBRE EL DERECHO
Y LA FAMILIA, 24 de mayo de 1996

¿Y qué debiéramos decir del aumento de la violencia en contra de la mujer y de los niños de ambos sexos? Hoy en día ésta es una de las violaciones más comunes de los derechos humanos, y trágicamente aún se usa como una táctica de terror: muchas mujeres son tomadas como rehenes y muchos niños brutalmente matados. A ésto se le suma la violencia de la prostitución forzada, la pornografía infantil, y la explotación de los niños en el trabajo en condiciones de verdadera esclavitud. Hay que tomar medidas prácticas para erradicar estas formas de violencia. En particular, son necesarias las medidas legales apropiadas a nivel nacional e internacional.

LA JUSTICIA Y LA PAZ VAN MANO A MANO.
MENSAJE PARA EL DÍA DE LA PAZ DE 1998, 8 de diciembre de 1997

Me da mucho gusto oír sus palabras que confirman la importancia de sus ministros de gobierno en sus relaciones con los países entero del mundo, para la promoción de los derechos humanos y particularmente el derecho humano fundamental de la libertad de la religión, que es la garantía de todos los otros derechos humanos.

EL DESAFÍO A LA DEMOCRACIA AMERICANA. DISCURSO A LA
SEÑORA CORINNE "LINDY" BOGGS, EMBAJADORA DE LOS ESTADOS
UNIDOS DE AMÉRICA, 16 de diciembre de 1997

Nos acordamos de ustedes, gentes aborígenes e indígenas de América, que han sufrido tanto durante estos últimos cinco siglos dominados por personas codiciosas y violentas, y que aún hoy disfrutan tan poco de la abundancia que han producido nuestras tierras. Así como les proclamamos el Evangelio de Jesucristo, nos comprometemos a honrar su cultura y a apoyarlos en la preservación de su patrimonio.

ENCUENTRO CON JESÚS: LAS CONVERSIONES, LA COMUNIÓN Y LA SOLIDARIDAD. MENSAJE DE LA ASAMBLEA ESPECIAL PARA AMÉRICA DEL SÍNODO DE OBISPOS, 9 de diciembre de 1997

Queremos hablar con ustedes, hermanos y hermanas de origen africano, cuyos antepasados vinieron a América en cadenas como esclavos. Las heridas de esos siglos terribles de esclavitud todavía hieren el alma. Nos comprometemos a continuar trabajando con ustedes —así pueden llegar a disfrutar su dignidad como hijos de Dios, y así siempre pueden sentirse cómodos en nuestras iglesias y comunidades de fé.

ENCUENTRO CON JESÚS: LAS CONVERSIONES, LA COMUNIÓN Y LA SOLIDARIDAD. MENSAJE DE LA ASAMBLEA ESPECIAL PARA AMÉRICA DEL SÍNODO DE OBISPOS, 9 de diciembre de 1997

Esta misma solicitud se ha de tener con los ancianos, a veces descuidados y abandonados. Ellos deben ser respetados como personas. Es importante poner en práctica para ellos iniciativas de acogida y asistencia que promuevan sus derechos y aseguren, en la medida de lo posible, su bienestar físico y espiritual. Los ancianos deben ser protegidos de las situaciones y presiones que podrían empujarlos al suicidio; en particular han de ser sostenidos contra la tentación del suicidio asistido y de la eutanasia.

ECCLESIA EN AMÉRICA. *Exhortación apostólica postsinodal,* 22 de enero de 1999

Si la Iglesia en América...desea recorrer el camino de la solidaridad, debe dedicar una atención especial a aquellas etnias que todavía son objeto de discriminaciones injustas. En efecto, hay que erradicar todo intento de marginación contra las poblaciones indígenas. Ello implica, en primer lugar, que deben respetar sus tierras y los pactos contraídos con ellos; igualmente, hay que atender a sus legítimas necesidades sociales, sanitarias y culturales. Habrá que recordar la necesidad de reconciliación entre los pueblos indígenas y las sociedades en las que viven.

ECCLESIA EN AMÉRICA. *Exhortación apostólica postsinodal,*
22 de enero de 1999

Hoy en América, como en otras partes del mundo, parece perfilarse un modelo de sociedad en el que dominan los poderosos, marginando e incluso eliminando a los débiles. Pienso ahora en los niños no nacidos, víctimas indefensas del aborto; en los ancianos y enfermos incurables, objeto a veces de la eutanasia; y en tantos otros seres humanos marginados por el consumismo y el materialismo. No puedo ignorar el recurso innecesario de la pena de muerte cuando otros "medios incruentos bastan para defender y proteger la seguridad de las personas contra el agresor".

ECCLESIA EN AMÉRICA. *Exhortación apostólica postsinodal,*
22 de enero de 1999

Al nivel de los derechos humanos, la posibilidad de clonar al ser humano representa una violación de dos principios fundamentales sobre los cuales están basados todos los derechos humanos: el principio de la igualdad entre los seres humanos y el principio de la no discriminación.

LA CLONACIÓN DEL SER HUMANO ES INMORAL. *Reflexiones de la academia pontifical para la vida,* 9 de julio de 1997

La Santa Sede y el Papa nunca han dejado de proclamar ante el mundo que no se deben olvidar las tragedias que han marcado su historia y su sufrimiento. Nadie puede dejar de preocuparse por el destino de tantos hermanos y hermanas humanos, quienes con demasiada frecuencia no tienen derechos reconocidos. Es más, muchas veces sus derechos se ignoran. La Santa Sede también ha hablado a favor de la seguridad del Estado de Israel, estando totalmente convencida de que la seguridad la justicia y la paz van mano a mano.

A LOS PALESTINOS, 22 de septiembre de 1997

Además, bien entendida, la libertad religiosa ayudará a asegurar el orden y el bienestar común de cada nación, de cada sociedad, pues, cuando el individuo sabe que sus derechos fundamentales están protegidos, está mejor preparado para trabajar por el bienestar común.

LA LIBERTAD DE LA CONCIENCIA Y LAS RELIGIONES,
1 de septiembre de 1980

Lleváis en vosotros, hermanos y hermanas indígenas de América, una rica herencia de sabiduría humana y, al mismo tiempo, sois depositarios de las expectativas de vuestros pueblos de cara al futuro. La Iglesia, por su parte, afirma abiertamente el derecho de todo cristiano a su propio patrimonio cultural, como algo inherente a su dignidad de hombre y de hijo de Dios. En sus genuinos valores de verdad, de bien y de belleza, ese patrimonio debe ser reconocido y respetado. Por desgracia, hay que afirmar que no siempre se ha apreciado debidamente la riqueza de vuestras culturas, ni se han respetado vuestros derechos como personas y como pueblos. La sombra del pecado también se ha proyectado en América en la destrucción de no pocas de vuestras creaciones artísticas y culturales, y en la violencia de la que tantas veces fuisteis objeto.

DISCURSO EN MÉXICO A LOS INDÍGENAS, 11 de agosto de 1993

Todo ser humano —da igual que sea vulnerable o indefenso, joven o viejo, sano, minusválido o enfermo, útil o productivo para la sociedad— es un ser de valor inestimable creado a imagen y semejanza de Dios. Esta es la dignidad de América, la razón de su existencia, la condición de su sobrevivencia —sí, la prueba máxima de su grandeza: respetar a cada ser humano, especialmente los más débiles e indefensos, los que no han nacido.

DISCURSO EN EL AEROPUERTO DE DETROIT,
19 de septiembre de 1987

En este contexto se sitúa también el problema de la *pena de muerte,* respeto a la cual hay, tanto en la Iglesia como en la sociedad civil, una tendencia progresiva a pedir una aplicación muy limitada e, incluso, su total abolición...*la medida y la calidad de la pena* deben ser valoradas y decididas atentamente, sin que se deba llegar a la medida extrema de la eliminación del reo salvo en casos de absoluta necesidad, es decir, cuando la defensa de la sociedad no sea posible de otro modo. Hoy, sin embargo, gracias a la organización cada vez más adecuada de la institución penal, estos casos son ya muy raros, por no decir prácticamente inexistentes.

CARTA ENCÍCLICA SOBRE EL EVANGELIO DE LA VIDA
(Evangelium vitae), 1995

La declaración universal de los Derechos del Hombre —con todo el conjunto de numerosas declaraciones y convenciones sobre aspectos importantísimos de los derechos humanos, a favor de la infancia, de la mujer, de la igualdad entre las razas y especialmente los dos Pactos Internacionales sobre los derechos económicos, sociales y culturales y sobre los derechos civiles y políticos— debe quedar en la Organización de las Naciones Unidas como el valor básico con el que se coteje la conciencia de sus miembros y del que se saque una inspiración constante. Si las verdades y los principios contenidos en este documento fueran olvidados o descuidados, perdiendo la evidencia genuina que tenían en el momento de su nacimiento doloroso, entonces la noble finalidad de la Organización de las Naciones Unidas, es decir, la convivencia entre los hombres y entre las naciones, podría encontrarse ante la amenaza de una nueva ruina.

DISCURSO A LAS NACIONES UNIDAS, 2 de octubre de 1979

Desde el punto de vista teológico, cualquier persona bautizada, por el hecho mismo de su bautismo, tiene el derecho de recibir de la Iglesia una enseñanza y una formación que le permitan iniciar una vida verdaderamente cristiana; en la perspectiva de los derechos del hombre, todo el mundo tiene derecho a buscar la verdad religiosa y de adherirse plenamente a ella, libre de "toda coacción por parte tanto de los individuos como de los grupos sociales y de cualquier poder humano que sea, de suerte que, en esta materia, a nadie se le fuerce a actuar contra su conciencia o se le impida actuar...de acuerdo con ella".

EXHORTACIÓN APOSTÓLICA SOBRE LA CATEQUESIS
EN NUESTRO TIEMPO *(Catechesi tradendae)*, octubre, 1979

Las instituciones y las leyes desconocen injustamente los derechos inviolables de la familia y de los individuos, y la sociedad, en vez de ponerse al servicio de la familia, la ataca con violencia en sus valores y en sus exigencias fundamentales. De este modo la familia, que, según los planes de Dios, es la célula básica de la sociedad, sujeto de derechos y deberes ante el Estado y cualquier otra comunidad, es víctima de la sociedad, de los retrasos y lentitudes de sus intervenciones y más aún de sus injusticias notorias.

Por esto la Iglesia defiende abierta y vigorosamente los derechos de la familia contra las usurpaciones intolerables de la sociedad y del Estado.

EXHORTACIÓN APOSTÓLICA SOBRE LA FAMILIA
(Familiaris consortio), 1981

Aun en situaciones excepcionales que pueden ocurrir a veces, nunca se puede justificar ninguna violación de la dignidad fundamental del ser humano o de los derechos básicos que protegen esa dignidad. El interés legítimo por la seguridad de la nación, requerida por el bien común, puede llevar a la tentación de subyugar el ser humano, sus derechos y su dignidad, al estado. Cualquier conflicto que se manifiesta entre las exigencias de la seguridad y los derechos básicos del ciudadano se debe arreglar de acuerdo con el principio fundamental —siempre sostenido por la Iglesia— que la organización social sólo existe para el servicio del hombre y para la protección de su dignidad, y que no puede pretender servir el bien común cuando no protege los derechos humanos.

DISCURSO EN MANILA, 17 de febrero de 1980

LOS LAICOS

El Papa Juan Pablo II promulga el espíritu del Vaticano II cuando se dirige a los laicos en la Iglesia de hoy. Espera que los hombres y las mujeres laicos tomen más responsabilidad en los diversos ministerios de la Iglesia. El mundo se encuentra con la Iglesia a través de ellos y ellas en una forma especial. Armados con la Palabra, los laicos están llamados a vivir la fe en la Iglesia y en la comunidad secular.

El Papa cree que los laicos son sumamente importantes en la misión de la Iglesia. Les anima a ser activos en la vida litúrgica, educativa y social de sus comunidades. A través de la plena participación en la vida de parroquia, los laicos enriquecen las vidas de sus hermanos, siendo testigos del ideal evangélico de servicio fiel a los demás. Sus esfuerzos como educadores religiosos, ministros eucarísticos, asesores pastorales y administradores de diócesis ayudan a edificar el cuerpo vivo de Cristo. A través de los laicos, la Iglesia atiende más plenamente a las necesidades complejas de los fieles.

En la sociedad secular, los laicos son testigos de la realidad de Cristo y "penetran [la sociedad] con la levadura del Evangelio". En su vida política, social, intelectual y económica, los laicos han de imitar a Cristo. Están llamados a cumplir una misión: traer valores espirituales a la vida secular.

Juan Pablo II cree que como "miembros de una ciudad terrenal y un reino celestial", los laicos católicos participan en la misión de la Iglesia cuando reciben los sacramentos y cuando viven el mensaje del Evangelio en el mundo. Los laicos que responden a esta vocación sirven a la Iglesia y al mundo de una manera irreemplazable.

Los laicos

El papel de los laicos en la misión de la Iglesia se extiende en dos direcciones: en unión con sus pastores, y asistidos por sus consejos, vosotros construís la comunión de los fieles; en segundo lugar, como ciudadanos responsables, penetráis con la levadura del Evangelio la sociedad en la que vivís, en su dimensión económica, social, política, cultural e intelectual. Cuando fielmente lleváis a cabo estos dos papeles como ciudadanos de la cuidad terrenal y del reino de los cielos, se cumplen las palabras de Cristo: "Vosotros sois la sal de la tierra...Sois la luz del mundo" (Mt 5, 13–14).

HOMILÍA EN ACCRA *(Ghana),* 8 de mayo de 1980

Su específica vocación y misión consiste en manifestar el Evangelio en sus vidas y, por tanto, en introducir el Evangelio, como una levadura, en la realidad del mundo en que viven y trabajan. Las grandes fuerzas que configuran el mundo (política, medios de comunicación, ciencia, tecnología, cultura, educación, industria) constituyen precisamente las áreas en las que los seglares son especialmente competentes para ejercer su misión. Si estas fuerzas están conducidas por personas que son verdaderos discípulos de Cristo y, al mismo tiempo, plenamente competentes en el conocimiento y las ciencias seculares, entonces el mundo será ciertamente transformado desde dentro mediante el poder redentor de Cristo.

HOMILÍA EN COUNTY LIMERICK, 1 de octubre de 1979

En la unidad de la vida cristiana, las distintas vocaciones son como rayos de la única luz de Cristo, "que resplandece sobre el rostro de la Iglesia". Los laicos, en virtud del carácter secular de su vocación, reflejan el misterio del Verbo Encarnado en cuanto Alfa y Omega del mundo, fundamento y medida del valor de todas las cosas creadas. Los ministros sagrados, por su parte, son imágenes vivas de Cristo cabeza y pastor, que guía a su pueblo en el tiempo del "ya pero todavía no", a la espera de su venida en la gloria.

EXHORTACIÓN APOSTÓLICA SOBRE LA VIDA CONSAGRADA
(Vita consecrata), 1996

El desarrollo en los Estados Unidos de lo que comúnmente se designa ministerio laico es, ciertamente, un resultado positivo y fructífero de la renovación que comenzó con el Concilio Vaticano II. Hay que dedicar una atención especial a la formación espiritual y doctrinal de todos los ministerios laicos. De cualquier forma, deberían ser hombres y mujeres de fe, con una vida personal y familiar ejemplar, que abracen amorosamente "el anuncio pleno e íntegro de la buena nueva" proclamada por la Iglesia.

DISCURSO AD LIMINA A LOS OBISPOS AMERICANOS DE BALTIMORE, WASHINGTON, ATLANTA Y MIAMI: SOBRE LAS PARROQUIAS, MINISTERIOS LAICOS Y EL PAPEL DE LA MUJER, 2 de julio de 1993

Hay que poner cuidado particular en la formación de una conciencia social a todos los niveles y en todos los sectores. Cuando arrecian las injusticias y crece dolorosamente la distancia entre pobres y ricos, la doctrina social, en forma creativa y abierta a los amplios campos de la presencia de la Iglesia, debe ser un precioso instrumento de formación y de acción. Esto vale particularmente en relación con los laicos: "competen a los laicos propiamente, aunque no exclusivamente, las tareas y el dinamismo seculares". Es necesario evitar suplantaciones y estudiar seriamente cuándo ciertas formas de suplencia mantienen su razón de ser. ¿No son los laicos los llamados, en virtud de su vocación en la Iglesia, a dar su aporte en las dimensiones políticas y económicas, y a estar eficazmente presentes en la tutela y promoción de los derechos humanos?

DISCURSO EN PUEBLA A LOS OBISPOS LATINOAMERICANOS, 28 de enero de 1979

La misión de la Iglesia en el mundo se cumple no sólo a través de los ministros que han recibido el sacramento de las órdenes, sino también a través de todos los fieles. Al ser bautizados, los laicos fieles comparten las funciones sacerdotales, proféticas y reales de Cristo.

DISCURSO EN REUNIÓN, 30 de mayo de 1989

Vuestra vocación cristiana no os aparta de ninguno de vuestros hermanos o hermanas. No inhibe vuestra participación en los asuntos cívicos ni os dispensa de las responsabilidades como ciudadanos. No os separa de la sociedad ni os alivia de los sufrimientos de la vida cotidiana. En cambio, vuestra participación continua en las actividades y profesiones seculares es verdaderamente una parte de vuestra vocación. Pues estáis llamados a encarnar la Iglesia y hacerla fructífera en las circunstancias ordinarias de la vida —en la vida matrimonial y familiar, en las condiciones diarias de ganarse la vida, en las responsabilidades políticas y cívicas y en las preocupaciones culturales, científicas y educativas. No hay actividad humana que sea ajena al Evangelio. Dios desea que toda la creación esté ordenada hacia su reino, y el Señor ha confiado esta tarea a los laicos de una manera especial.

HOMILÍA EN ACCRA *(Ghana),* 8 de mayo de 1980

Realizar la llamada de la Iglesia como hombres y mujeres laicos a veces significa dar testimonio claro de la Iglesia contra las maneras sociales acostumbradas en la vida ordinaria. Significa imponer una cierta armonía entre las exigencias de la llamada de la Iglesia, de la familia y de la vida personal de uno. Podéis conseguir esto si vivís más conscientes de la fuente de vuestras vidas, por el Espíritu Santo, de la fuente que recibisteis en el bautismo y la confirmación.

DISCURSO A LOS TRABAJADORES LAICOS DE LA IGLESIA, *en Alemania Occidental,* 18 de noviembre de 1980

Vosotros que sois los laicos en la Iglesia y que tenéis fe, el recurso más importante —tenéis una oportunidad única y una responsabilidad crucial. A través de vuestras vidas y actividades cotidianas en el mundo, mostráis el poder que tiene la fe para transformar el mundo y renovar la familia humana.

HOMILÍA EN ACCRA *(Ghana),* 8 de mayo de 1980

Es una bendición para la Iglesia el hecho de que en tantas parroquias los laicos colaboren con los sacerdotes de muchas formas: en la educación religiosa, en el consejo pastoral, en las actividades de servicio social, en la administración, etc. Esta participación creciente es, indudablemente, obra del Espíritu que renueva la vitalidad de la Iglesia.

DISCURSO *AD LIMINA*, A LOS OBISPOS AMERICANOS DE BALTIMORE, WASHINGTON, ATLANTA Y MIAMI: SOBRE LAS PARROQUIAS, LOS MINISTERIOS LAICOS Y EL PAPEL DE LA MUJER, 2 de julio de 1993

Como miembros del laicado, estáis llamados a participar activamente en la vida sacramental y litúrgica de la Iglesia, especialmente en el sacrificio eucarístico. Al mismo tiempo, estáis llamados a propagar el Evangelio activamente practicando la caridad y participando en los esfuerzos catequísticos y misionarios, de acuerdo con los dones que cada uno ha recibido (cf. Cor 12, 4ff).

HOMILÍA EN ACCRA *(Ghana),* 8 de mayo de 1980

La fe cristiana no provee soluciones a los problemas complejos de la sociedad contemporánea. Pero sí os da una idea profunda de la naturaleza del hombre y de sus necesidades, llamándoos a proclamar la verdad con amor, asumir responsabilidad como buenos ciudadanos y trabajar juntos para construir una sociedad donde los valores humanos verdaderos sean nutridos y profundizados por una visión cristiana de la vida.

HOMILÍA EN NAIROBI *(Kenya),* 7 de mayo de 1980

EL AMOR

Aunque Juan Pablo II afirma que los impulsos eróticos del ser humano son un don de Dios, mantiene que no son la base del amor. El amor debe ser un don verdadero de un ser a otro, y no puede estar basado en el egoísmo implícito en la mera satisfacción del deseo sexual. Juan Pablo no rechaza el placer erótico, pero sí condena la lujuria —el erotismo falso— como la atracción a un bien parcial, en lugar del valor completo de otra persona que fue creada a imagen de Dios. También elogia el dominio de uno mismo al resistir los impulsos que surgen de una mera carnalidad, porque los actos que se basan en tales impulsos están desprovistos de libertad.

Estamos hechos a la imagen de Dios no sólo en nuestra mente y espíritu, sino también en nuestros cuerpos. Juan Pablo insiste en que el cuerpo humano y su instinto sexual son bienes potenciales, y el ser humano encuentra su camino hacia Dios bien a través del amor responsable de otro en el matrimonio o bien al ser llamado a practicar el celibato y defender la virginidad.

Juan Pablo insiste en que el amor verdadero es difícil y requiere mucho trabajo, y que el amor —entre hombre y mujer, entre padre e hijo, entre amigos y aun entre naciones y gentes— requiere sacrificios y disciplina. Sin embargo, al fin y al cabo, ese amor y el sacrificio de uno mismo reciben su generosa recompensa en la alegría.

El amor

El hombre no puede vivir sin amor. Es incapaz de comprenderse a sí mismo; su vida está privada de sentido si no se le revela el amor, si no se encuentra con el amor, si no lo experimenta y lo hace propio, si no participa en él vivamente. Por esto precisamente, Cristo Redentor, como se ha dicho anteriormente, revela plenamente el hombre al mismo hombre. Tal es —si se puede expresar así— la dimensión humana del misterio de la Redención.

CARTA ENCÍCLICA SOBRE EL REDENTOR DEL HOMBRE
(*Redemptor hominis*), 1979

...esta hermana [la Madre Teresa], conocida universalmente como la Madre de los Pobres, deja un ejemplo elocuente para todos, creyentes y no creyentes. Nos deja el testimonio del amor de Dios, que aceptó y que transformó su vida en una bendición total a sus hermanos y hermanas. Nos deja el testimonio de la contemplación que se transforma en el amor, del amor que se transforma en la contemplación. El trabajo que sobrellevó habla por sí mismo y demuestra a nuestros comtemporáneos ese sentido noble que desgraciadamente no se encuentra con la frecuencia necesaria.

REFLEXIONES DEL PAPA JUAN PABLO II ANTES DE RECITAR
EL ÁNGELUS, 7 de septiembre de 1997

La enfermedad de un miembro de la familia, de un amigo o un vecino es una llamada a los cristianos a mostrar verdadera compasión, o sea, a participar, con amabilidad y constancia, en el dolor del otro. De igual modo, los minusválidos y los enfermos nunca deben de sentir la impresión de ser un peso; son personas visitadas por el Señor.

AMÉRICA: SEA HOSPITALARIA A LA VIDA. *Visita* Ad Limina *de los
obispos de los Estados Unidos,* 2 de octubre de 1998

Los enfermos terminales, en particular, merecen la solidaridad, la comunión y el afecto de quienes los rodean; a menudo necesitan perdonar y ser perdonados, reconciliarse con Dios y con los demás.

AMÉRICA: SEA HOSPITALARIA A LA VIDA. *Visita* Ad Limina *de los
obispos de los Estados Unidos,* 2 de octubre de 1998

A pesar de que todo parece confirmar que el amor es algo "del mundo", que nace en almas y cuerpos como el fruto de la sensibilidad emocional y de la atracción sensual, llegando al fondo oculto de la constitución sexual del organismo, entre todo eso y como por encima de todo eso, el amor es un don.

EL AMOR FRUCTÍFERO Y RESPONSABLE, 1979

Ante todo, tened en alta estima la maravillosa dignidad y gracia del sacramento del matrimonio. Preparaos seriamente para él. Creed en el poder espiritual que aporta este sacramento de Jesucristo para fortalecer la unión matrimonial y para vencer todas las crisis y problemas de la vida en común. Las personas casadas deben creer en el poder de este sacramento para santificarlos; deben creer en su vocación de testigos, mediante su matrimonio, del poder del amor de Cristo. El verdadero amor y la gracia de Dios nunca pueden permitir que el matrimonio se convierta en una relación centrada en sí misma de dos individuos que viven el uno junto al otro buscando su propio interés.

HOMILÍA EN EL CONDADO DE LIMERICK
(Irlanda), 1 de octubre de 1979

Siempre en el mismo horizonte cultural, el *cuerpo* ya no se considera como realidad típicamente personal, signo y lugar de las relaciones con los demás, con Dios y con el mundo. Se reduce a pura materialidad: está simplemente compuesto de órganos, funciones y energías que hay que usar según criterios de mero goce y eficiencia. Por consiguiente, también la *sexualidad* se despersonaliza e instrumentaliza: de signo, lugar y lenguaje del amor, es decir, del don de sí mismo y de la acogida del otro según toda la riqueza de la persona, pasa a ser cada vez más ocasión e instrumento de afirmación del propio yo y de satisfacción egoísta de los propios deseos e instintos. Así se deforma y falsifica el contenido original de la sexualidad humana, y los dos significados, unitivo y procreativo, innatos a la naturaleza misma del acto conyugal, son separados artificialmente. De este modo, se traiciona la unión y la fecundidad se somete al arbitrio del hombre y de la mujer.

CARTA ENCÍCLICA SOBRE EL EVANGELIO DE LA VIDA
(Evangelium vitae), 1995

El valor fundamental, del cual se desprenden otros valores del amor, es el valor del ser humano. Es a la persona a la que se refiere esa responsabilidad básica. Los textos del Concilio Vaticano II afirman muchas veces que el amor en general, y el amor conyugal en particular, consiste en el don de una persona a otra, un don que abraza al ser humano entero, alma y cuerpo. Tal don supone que la persona en sí tiene un valor único para la otra persona, que se expresa en una responsabilidad particular por ese valor, precisamente por su grado e intensidad, por así decir. Y a través de una responsabilidad concebida de esa manera, se forma la estructura esencial del matrimonio, un vínculo a la vez espiritual y moral.

EL AMOR FRUCTÍFERO Y RESPONSABLE, 1979

A menudo las tensiones de la vida moderna separan al marido y a la mujer, amenazando una interdependencia de amor y fidelidad de toda la vida. ¿Acaso no ha de preocuparnos también el impacto de las tensiones culturales sobre las relaciones entre las generaciones, sobre la autoridad de los padres y sobre la transmisión de los valores sagrados? Nuestra conciencia cristiana debería estar muy preocupada por la forma en la que los pecados contra el amor y la vida se presentan como ejemplos de "progreso" y emancipación. ¿Acaso no son muy a menudo simplemente formas antiguas de egoísmo disfrazados en un lenguaje nuevo y presentados en un nuevo ambiente cultural?

EDIFICANDO EL CUERPO DE CRISTO:
Visita pastoral a los Estados Unidos, 1987

Una cosa es ser consciente del valor del sexo como parte del tesoro de valores con el cual la mujer se presenta al hombre; y otra cosa es "reducir" todas las riquezas personales de la feminidad a ese solo valor, o sea, como un objeto adecuado de gratificación de la sexualidad misma. El mismo razonamiento puede ser válido para el significado de la masculinidad para la mujer.

AUDIENCIA GENERAL: BENDITOS SEAN LOS DE CORAZÓN PURO,
17 de septiembre de 1980

El amor conyugal se realiza en la paternidad. La responsabilidad por este amor del principio al final es a la vez una responsabilidad para la paternidad. El uno participa en el otro, y cada uno constituye el otro. La paternidad es un don que viene al hombre y a la mujer junto con el amor, que crea una perspectiva de amor en la dimensión de un sacrificio recíproco durante toda la vida, y que es la condición de una realización gradual de esa perspectiva a través de la vida y la acción.

EL AMOR FRUCTÍFERO Y RESPONSABLE, 1979

El amor verdadero es exigente. No cumpliría mi misión si no os lo dijera con toda claridad. Porque fue Jesús —nuestro mismo Jesús— quien dijo, "Vosotros sois mis amigos si hacéis lo que os mando" (Jn 15, 14). El amor exige esfuerzo y compromiso personal para cumplir la voluntad de Dios. Significa disciplina y sacrificio, pero también significa alegría y realización humana.

DISCURSO EN BOSTON, 1 de octubre de 1979

El mensaje de amor que trae Cristo es siempre importante, siempre interesante. No es difícil ver como el mundo de hoy, a pesar de su belleza y grandeza, a pesar de las conquistas de la ciencia y la tecnología, a pesar de los apetecidos y abundantes bienes materiales que ofrece, está ávido de más verdad, de más amor y de más alegría. Y todo esto se encuentra en Cristo y su modelo de vida.

DISCURSO EN BOSTON, 1 de octubre de 1979

Para el Papa Juan Pablo la misión esencial de la familia es crear un ambiente donde el amor pueda prosperar. En esto, la familia imita el vínculo de amor que une a Cristo con los miembros de la Iglesia. En realidad, la familia es una iglesia minúscula, una iglesia doméstica con su propia misión.

Juan Pablo ve dos fuerzas opuestas hoy día que influyen en la familia. Por una parte, hay un esfuerzo mayor por asegurar la libertad personal y examinar la calidad de las relaciones personales. Esto incluye asegurar la dignidad y la igualdad de la mujer y de los hijos. Por otra parte, percibe una degradación perturbadora de algunos valores fundamentales: ideas equivocadas del significado de la libertad de los cónyuges, una confusión sobre la autoridad de los padres sobre los hijos y un aumento del divorcio y del aborto.

El Santo Padre urge a los católicos a usar la familia como la primera escuela de la vida, un ejemplo de cómo vivir en la comunidad, y pide expresamente que la familia se dedique al servicio social, especialmente al servicio de los pobres. Recuerda a los padres que estas actividades deberían incluir a los hijos, en la medida en que la edad y la habilidad les permiten participar.

Aunque Juan Pablo apoya la igualdad de la mujer en los lugares de trabajo, insiste en que el trabajo que la mujer hace fuera del hogar no es más importante o más digno que el trabajo del hogar.

Los padres son los primeros y principales educadores de los hijos y esto es un papel al que nunca pueden renunciar. Los hijos necesitan la aprobación, el amor, la estima, el apoyo espiritual y emocional, y también los recursos materiales que hacen posible una niñez saludable. Los ancianos tampoco pueden ser olvidados, y Juan Pablo observa que algunas culturas, mucho más que otras en el mundo industrializado, se aseguran de que los ancianos tengan un lugar digno y apropiado en la vida de familia.

El matrimonio y la familia

El vínculo que une a la familia no es sólo un parentesco natural o una vida y experiencia compartida. Esencialmente, es un vínculo sagrado y religioso. El matrimonio y la familia son realidades sagradas.

EDIFICANDO EL CUERPO DE CRISTO:
Visita pastoral a los Estados Unidos, 1987

La familia es el primer ejemplo de la evangelización, el lugar donde la Buena Nueva de Cristo se recibe por primera vez, y luego se transmite entre generación y generación en formas sencillas pero profundas. Al mismo tiempo, las familias de nuestro tiempo dependen en gran parte de la Iglesia para la defensa de sus derechos y para la enseñanza de las obligaciones y responsabilidades que llevan a la plenitud de la alegría y de la vida. Así que, les urjo a todos, especialmente a los clérigos y religiosos, a que contribuyan a la promoción de los valores familiares dentro de la comunidad local.

DISCURSO EN NUEVA ORLEANS, 12 de diciembre de 1987

Entre los privilegios y las responsabilidades primarias de los matrimonios está el dar vida y ayudar a que sus hijos maduren con la educación. Sabemos que por lo general los matrimonios desean tener hijos, pero a veces tienen dificultad en realizar sus esperanzas y deseos por las condiciones sociales, las circunstancias personales o aun por una inhabilidad para concebir. Pero la Iglesia anima a los matrimonios a que sean generosos y tengan esperanza, a que reconozcan que la paternidad es un privilegio y que cada hijo da testimonio del amor de los cónyuges entre sí, de su generosidad y de su apertura hacia Dios. Deben ver al hijo como un enriquecimiento de su matrimonio y como un don de Dios a ellos mismos y a sus otros hijos.

DISCURSO *AD LUMINA* A LOS OBISPOS DE LOS ESTADOS UNIDOS,
24 de septiembre de 1983

Las familias cristianas existen para formar una comunión de personas en el amor. Como tal, la Iglesia y la familia son, cada una a su manera, representaciones vivas en la historia de la humanidad de la amorosa comunión eterna entre las tres personas de la Santísima Trinidad. De hecho a la familia se le llama la Iglesia en miniatura, "la Iglesia doméstica", una expresión particular de la Iglesia a través de la experiencia humana del amor y de la vida común.

DISCURSO EN COLUMBIA
(Carolina del Sur), 11 de septiembre de 1987

Me dirijo a vosotras, familias cristianas. Vosotros, padres, dad gracias al Señor si ha llamado a la vida consagrada a alguno de vuestros hijos. ¡Debe ser considerado un gran honor —como lo ha sido siempre— que el Señor se fije en una familia y elija a alguno de sus miembros para invitarlo a seguir el camino de los consejos evangélicos! Cultivad el deseo de ofrecer al Señor a alguno de vuestros hijos para el crecimiento del amor de Dios en el mundo ¿Qué fruto más bello de vuestro amor conyugal podríais tener que este?

EXHORTACIÓN APOSTÓLICA SOBRE LA VIDA CONSAGRADA
(Vita consecrata), 25 de marzo de 1996

Nos da tristeza la desintegración de tantas familias de todas clases y les ofrecemos nuestras oraciones. A una madre sola o un padre sólo que, con confianza en Dios y con valentía, asume la responsabilidad de criar a sus hijos en la vida cristiana sin el acompañamiento o apoyo de una esposa, les damos el espíritu de la familia de la fe.

ENCUENTRO CON JESÚS: LAS CONVERSIONES, LA COMUNIÓN
Y LA SOLIDARIDAD. *Mensaje de la asamblea especial para América del sínodo de obispos,* 9 de diciembre de 1997

...es necesario reafirmar que el matrimonio sacramental y consumado nunca puede ser disuelto, ni siquiera por la potestad del Sumo Pontífice. La afirmación opuesta implicaría la tesis de que no existe ningún matrimonio absolutamente indisoluble, lo cual sería contrario al sentido en que la Iglesia ha enseñado y enseña la indisolubilidad del vínculo matrimonial.

LA INDISOLUBILIDAD ABSOLUTA DEL MATRIMONIO Y LA
ACTUAL MENTALIDAD DIVORCISTA.
Tribunal de la Rota romana, 21 de enero de 2000

En efecto, el Sumo Pontífice tiene la *potestad sagrada* de enseñar la verdad del Evangelio, administrar los sacramentos y gobernar pastoralmente la Iglesia en nombre y con la autoridad de Cristo, pero esa potestad no incluye en sí misma ningún poder sobre la ley divina, natural o positiva. Ni la Escritura ni la Tradición conocen una facultad del Sumo Pontífice para la disolución del matrimonio consumado; más aún, la praxis constante de la Iglesia demuestra la convicción firme de la Tradición según la cual esa potestad no existe.

LA INDISOLUBILIDAD ABSOLUTA DEL MATRIMONIO
Y LA ACTUAL MENTALIDAD DIVORCISTA.
Tribunal de la Rota romana, 21 de enero de 2000

A pesar de los generosos esfuerzos de muchas personas, se sigue sosteniendo la idea de que el aborto voluntario es un "derecho". Además, hay signos de una insensibilidad casi inimaginable ante lo que sucede realmente durante un aborto, como muestran los recientes acontecimientos relacionados con el así llamado aborto mediante el "nacimiento parcial". Esto causa profunda preocupación. Una sociedad con un escaso sentido del valor de la vida humana en sus primeras etapas ya ha abierto la puerta a la cultura de la muerte.

AMÉRICA: SEA HOSPITALARIA A LA VIDA.
Visita Ad Limina *de los obispos de los Estados Unidos,* 2 de octubre de 1998

La acogida, el amor, la estima, el servicio múltiple y unitario —material, afectivo, educativo, espiritual—a cada niño que viene a este mundo, debería constituir siempre una nota distintiva e irrenunciable de los cristianos, especialmente de las familias cristianas; así los niños, a la vez que crecen "en sabiduría, en estatura y en gracia ante Dios y ante los hombres", serán una preciosa ayuda para la edificación de la comunidad familiar para la misma santificación de los padres.

EXHORTACIÓN APOSTÓLICA SOBRE LA FAMILIA
(Familiaris consortio), 1981

La familia se encuentra en el centro del bien común en sus diversas dimensiones, precisamente por que el ser humano es concebido y nace en ella. Se debe hacer todo lo posible para que ese ser humano sea deseado, esperado, experimentado como un valor particular, único e irrepetible, desde el mismo principio, desde el momento de su concepción. Debe sentirse importante, útil, querido y de gran valor, aunque esté enfermo o sea un minusválido; aún más querido por esta razón.

AUDIENCIA GENERAL: LA FAMILIA — EL CENTRO
DEL AMOR Y DE LA VIDA, 3 de enero de 1979

Las virtudes domésticas, basadas en el respeto profundo a la vida y a la dignidad del ser humano, y concretadas en la comprensión, la paciencia, la mutua estima y el perdón recíproco, dan a la comunidad familiar la posibilidad de vivir la primera y fundamental experiencia de paz.

LA FAMILIA CREA LA PAZ DE LA FAMILIA HUMANA:
Mensaje del Santo Padre para la jornada mundial de la paz,
1 de enero de 1994

El antiguo faraón, viendo como una pesadilla la presencia y aumento de los hijos de Israel, los sometió a toda forma de opresión y ordenó que fueran asesinados todos los recién nacidos varones de las mujeres hebreas (cf. Ex 1, 7–22). Del mismo modo se comportan hoy no pocos poderosos de la tierra. Estos consideran también como una pesadilla el crecimiento demográfico actual y temen que los pueblos más prolíficos y más pobres representen una amenaza para el bienestar y la tranquilidad de sus países. Por consiguiente, antes de querer afrontar y resolver estos graves problemas respetando la dignidad de las personas y de las familias, y el derecho inviolable de todo hombre a la vida, prefieren promover e imponer por cualquier medio una masiva planificación de los nacimientos. Las mismas ayudas económicas, que estarían dispuestos a dar, se condicionan injustamente a la aceptación de una política del control de la natalidad.

CARTA ENCÍCLICA SOBRE EL EVANGELIO DE LA VIDA
(Evangelium vitae), 1995

El matrimonio cristiano, como todos los sacramentos que "están ordenados a la santificación de los hombres, a la edificación del cuerpo de Cristo y, en definitiva, a dar culto a Dios", es en sí mismo un acto litúrgico de glorificación de Dios en Jesucristo y en la Iglesia. Celebrándolo, los cónyuges cristianos profesan su dignidad a Dios por el bien sublime que se les da de poder revivir en su existencia conyugal y familiar el amor mismo de Dios por los hombres y del Señor Jesús por la Iglesia, su esposa.

EXHORTACIÓN APOSTÓLICA SOBRE LA FAMILIA
(Familiaris consortio), 1981

Me he referido a dos conceptos afines entre sí, pero no idénticos: "comunión" y "comunidad". La "comunión" se refiere a la relación personal entre el "yo" y el "tú". La "comunidad" en cambio, supera este esquema apuntando hacia una "sociedad", un "nosotros". La familia, comunidad de personas, es por consiguiente la primera "sociedad" humana. Surge cuando se realiza la alianza del matrimonio, que abre a los esposos a una perenne comunión de amor y de vida, y se completa plenamente y de manera específica al engendrar los hijos: la "comunión" de los cónyuges da origen a la "comunidad" familiar. Dicha comunidad está formada profundamente por aquello que constituye la esencia propia de la "comunión". ¿Puede existir, a nivel humano, una "comunión" comparable a la que se establece *entre la madre y el hijo,* que ella lleva antes en su seno y después lo da a luz?

CARTA A LAS FAMILIAS PARA EL AÑO INTERNACIONAL
DE LA FAMILIA, 22 febrero de 1994

Para que el matrimonio cristiano favorezca el bien total y el desarrollo de los cónyuges, debe inspirarse en el Evangelio, y abrirse así a la nueva vida, una vida dada y aceptada generosamente. Los cónyuges están llamados también a crear una atmósfera de familia en la que los hijos sean felices y vivan en plenitud y con dignidad una vida humana y cristiana.

HOMILÍA EN WASHINGTON, CAPITOL MALL,
7 de octubre de 1979

La experiencia enseña que el amor humano, orientado por su naturaleza hacia la paternidad y la maternidad, se ve afectado a veces por una *crisis* profunda y, por tanto, se encuentra amenazado seriamente; en tales casos, habrá que pensar en recurrir a los servicios ofrecidos por los consultorios matrimoniales y familiares, mediante los cuales es posible encontrar ayuda, entre otros, de psicólogos y psicoterapeutas específicamente preparados. Sin embargo, no se puede olvidar que son siempre válidas las palabras del Apóstol: "doblo mis rodillas ante el Padre, de quien toma nombre toda familia en el cielo y en la tierra" (Ef 3, 14–15). El matrimonio, el matrimonio sacramento, es una alianza de personas en el amor. *Y el amor puede ser profundizado y custodiado solamente por el amor,* aquel amor que es "derramado" en nuestros corazones por el Espíritu Santo "que nos ha sido dado" (Rom 5, 5).

CARTA A LAS FAMILIAS PARA EL AÑO INTERNACIONAL
DE LA FAMILIA, 22 de febrero de 1994

Las autoridades públicas, convencidas de que el bien de la familia constituye un valor indispensable e irrenunciable de la comunidad civil, deben hacer cuanto puedan para asegurar a las familias todas aquellas ayudas —económicas, sociales, educativas, políticas, culturales— que necesitan para afrontar de modo humano todas sus responsabilidades.

EXHORTACIÓN APOSTÓLICA SOBRE LA FAMILIA
(Familiaris consortio), 1981

El auténtico amor conyugal supone y exige que el hombre tenga profundo respeto por la igual dignidad de la mujer: "No eres su amo —escribe S. Ambrosio— sino su marido; no te ha sido dada como esclava, sino como mujer...Devuélvele sus atenciones hacia ti y sé para con ella agradecido por su amor". El hombre debe vivir con la esposa "un tipo muy especial de amistad personal". El cristiano además está llamado a desarrollar una actitud de amor nuevo, manifestando hacia la propia mujer la caridad delicada y fuerte que Cristo tiene con la Iglesia.

EXHORTACIÓN APOSTÓLICA SOBRE LA FAMILIA
(Familiaris consortio), 1981

La sexualidad, mediante la cual el hombre y la mujer se dan uno a otro con los actos propios y exclusivos de los esposos, no es algo puramente biológico, sino que afecta al núcleo íntimo de la per-

sona humana en cuanto tal. Ella se realiza de modo verdaderamente humano, solamente cuando es parte integral del amor con
el que el hombre y la mujer se comprometen totalmente entre sí
hasta la muerte.

EXHORTACIÓN APOSTÓLICA SOBRE LA FAMILIA
(Familiaris consortio), 1981

La Iglesia condena, como ofensa grave a la dignidad humana y a la
justicia, todas aquellas actividades de los gobiernos o de otras
autoridades públicas que tratan de limitar de cualquier modo la libertad de los esposos en la decisión sobre los hijos. Por consiguiente,
hay que condenar totalmente y rechazar con energía cualquier violencia ejercida por tales autoridades en favor de la anticoncepción e
incluso de la esterilización y del aborto procurado. Al mismo
tiempo hay que rechazar como gravemente injusto el hecho de que,
en las relaciones internacionales, la ayuda económica concedida
para la promoción de los pueblos esté condicionada a programas de
anticoncepción, esterilización y aborto procurado.

EXHORTACIÓN APOSTÓLICA SOBRE LA FAMILIA
(Familiaris consortio), 1981

La familia, como comunidad educadora fundamental e insustituible, es el vehículo privilegiado para la transmisión de aquellos valores religiosos y culturales que ayudan a la persona a adquirir la
propia identidad. Fundada en el amor y abierta al don de la vida,
la familia lleva consigo el porvenir mismo de la sociedad; su papel
especialísimo es el de contribuir eficazmente a un futuro de paz.

LA FAMILIA CREA LA PAZ DE LA FAMILIA HUMANA:
Mensaje del Santo Padre para la jornada mundial de la paz.
1 de enero de 1994

El matrimonio y la familia son invariablemente la raíz de los
asuntos del hombre y de la sociedad. Aunque en sí misma es, se
podría decir, una preocupación sumamente privada, un asunto
entre dos personas, esposo y esposa, y del grupo más pequeño, que
forman junto con sus hijos, el destino de las naciones y de los continentes, de la humanidad y de la Iglesia dependen de ella.

AMOR FRUCTÍFERO Y RESPONSABLE, 1979

[La familia] constituye la comunidad primaria, fundamental e irreemplazable.

AUDIENCIA GENERAL: LA FAMILIA —
EL CENTRO DEL AMOR Y LA VIDA,
31 diciembre de 1978

El Santo Padre cree que los conflictos del hombre moderno surgen de una idea equivocada del individualismo, en el cual a cada persona sólo le importa su propio provecho, y se considera libre de seguir sus propios intereses en la medida en que "no haga daño a los demás". El Papa reconoce que este individualismo nihilista es totalmente inadecuado como base de la conducta moral.

La entrega y el sacrificio de uno mismo forman el modelo para una buena vida familiar y describen la relación adecuada entre maridos y esposas, hijos y padres, y ancianos y jóvenes. Este es también el modelo para la justicia y la moralidad en el mundo entero. Aún así, la justicia no es un contrato legal. Comprender que otros tienen los mismos derechos que nosotros no es suficiente. Juan Pablo insiste en que la justicia verdadera reconoce que los demás no sólo tienen derechos, sino también necesidades, y que todos los hijos de Dios merecen satisfacer esas necesidades.

En las relaciones entre personas, la mayor falta de moralidad es tratar al otro como un objeto: el preguntar, "¿Qué puede él o ella hacer para mí?" El egoísmo y un individualismo equivocado son fatales para la dignidad humana. El Señor mismo, que vino "a servir, no a ser servido", ofrece un modelo de comportamiento que nos dirige a la Vida Eterna.

LA VIDA MORAL

Se hace pues necesario recuperar por parte de todos la conciencia de la primacía de los valores morales, que son los valores de la persona humana en cuanto tal. Volver a comprender el sentido último de la vida y de sus valores fundamentales es el gran e importante cometido que se impone hoy día para la renovación de la sociedad.

EXHORTACIÓN APOSTÓLICA SOBRE LA FAMILIA
(Familiaris consortio), 1981

Todas las edades presentan nuevos desafíos y tentaciones al pueblo de Dios en su peregrinación, y la nuestra no es excepción. Nos enfrentamos con un secularismo creciente que trata de excluir a Dios y a la verdad religiosa de los asuntos humanos. Nos enfrentamos con un relativismo insidioso que socava la verdad absoluta de Cristo y las verdades de la fe, y que tienta a los creyentes invitándoles a tratar las verdades cristianas como una colección de creencias u opiniones entre muchas otras. Nos enfrentamos con un consumismo materialista que ofrece promesas aparentemente atractivas pero realmente vacías y que procuran la comodidad material al precio de un vacío interior. Nos enfrentamos con un hedonismo seductor que ofrece toda clase de placeres que nunca satisfacen al corazón humano. Todas estas actitudes pueden influir en nuestro sentido del bien y del mal en el preciso momento en que el progreso social y científico requieren una fuerte guía ética. Una vez alejados de la fe y la práctica cristiana debido a estas u otras decepciones, la gente se entrega a modas pasajeras, o a creencias extrañas que son superficiales o fanáticas.

DISCURSO A LOS LAICOS EN LA CATEDRAL
DE SANTA MARÍA, SAN FRANCISCO,
18 de septiembre de 1987

En los veinticinco años que han pasado desde la decisión judicial que legalizó el aborto en vuestro país, ha habido una movilización general de las conciencias en favor de la vida. El movimiento provida es uno de los aspectos más positivos de la vida pública norteamericana, y el apoyo que los obispos le han dado es un tributo a vuestro liderazgo pastoral.

AMÉRICA: SEA HOSPITALARIA A LA VIDA.
Visita Ad Limina *de los obispos de los Estados Unidos,*
2 de octubre de 1998

La democracia no puede mantenerse sin un compromiso compartido con respecto a ciertas verdades morales sobre la persona humana y la comunidad humana. La pregunta fundamental que ha de plantearse una sociedad democrática es: "¿Cómo debemos vivir juntos?" Al tratar de responder a esta pregunta, ¿puede la sociedad excluir la verdad y el razonamiento moral? ¿Puede excluirse de este debate la visión bíblica, que ha desempeñado un papel tan formativo en la misma fundación de vuestro país? Si así se hiciera, ¿no significaría que los documentos constitutivos de los Estados Unidos ya no tienen un contenido definido, sino que son sólo el ropaje formal de una opinión mudable? Si así sucediera, ¿no significaría que decenas de millones de norteamericanos no podrían dar ya la contribución de sus convicciones más profundas a la formación de la política pública? Desde luego, es importante para los Estados Unidos que las verdades morales, que hacen posible la libertad, se transmitan a cada nueva generación.

HOMILÍA EN LA MISA EN CAMDEN YARDS DE BALTIMORE,
8 de agosto de 1995

Como la experiencia de los últimos veinticinco años ha demostrado, el aborto legalizado ha sido una fuerza destructiva en las vidas de tantos individuos, especialmente la mujer que con frecuencia es abandonada y lleva una gran pena y remordimiento que siguen la decisión de destruir la vida de un hijo por nacer. Pero la proliferación de abortos también han producido efectos que perjudican a la sociedad en sí, por lo menos en un aflojamiento del respeto por la vida de los ancianos y los débiles, y en una pérdida del sentido moral. Cuando matar a los inocentes está sancionado por la ley, la distinción entre el bien y el mal está ocultada y la sociedad llega a justificar aún actos claramente inmorales como por ejemplo el aborto del parcialmente nacido.

VIGESIMOQUINTO ANIVERSARIO DE *ROE VS. WADE.*
Mensaje al Cardenal Bernard Law, arzobispo de Boston,
29 de diciembre de 1997

La doctrina moral católica arroja luz sobre cuestiones relativas al delicado proceso del comienzo de la vida, rebosante de esperanza y rico en promesas para la vida futura, y campo ahora maduro para los admirables descubrimientos de la ciencia médica. Confío en que vuestra actividad se inspire siempre en un reconocimiento claro de la dignidad propia de todos los seres humanos, cada uno de los cuales es un don incomparable del amor creativo de Dios.

LA ÉTICA DE LAS TERAPIAS EMBRIONARIAS.
Discurso a los participantes en el congreso internacional sobre "El feto como paciente", 3 de abril de 2000

El respeto a los derechos de la conciencia está profundamente arraigado en vuestra cultura nacional, que en parte ha sido formada por los inmigrantes que llegaron al nuevo mundo para defender sus convicciones religiosas y morales frente a las persecuciones. La admiración histórica de la sociedad norteamericana por los hombres y mujeres de conciencia es el fundamento en que podéis basaros para enseñar la verdad sobre la conciencia hoy.

LA VERDAD MORAL, LA CONCIENCIA
Y LA DEMOCRACIA AMERICANA.
Visita Ad Limina *de los obispos de los Estados Unidos,*
27 de junio de 1998

Una sociedad o una cultura que desee sobrevivir no puede declarar que la dimensión espiritual de la persona humana es irrelevante para la vida pública.

LA VERDAD MORAL, LA CONCIENCIA
Y LA DEMOCRACIA AMERICANA.
Visita Ad Limina *de los obispos de los Estados Unidos,*
7 de junio de 1998

Vuestro país se siente orgulloso de ser una democracia consolidada, pero la democracia es una empresa moral, una prueba continua de la capacidad de un pueblo de gobernarse a sí mismo, para servir al bien común y al bien de cada ciudadano. La supervivencia de una democracia particular no depende sólo de sus instituciones; en mayor medida depende del espíritu que inspira e impregna sus procedimientos legislativos, administrativos y judiciales.

LA VERDAD MORAL, LA CONCIENCIA
Y LA DEMOCRACIA AMERICANA.
Visita Ad Limina *de los obispos de los Estados Unidos,*
27 de junio de 1998

Un clima de relativismo moral es incompatible con la democracia. Este tipo de cultura no puede responder a preguntas fundamentales para una comunidad política democrática: ¿Por qué debería considerar a mis compatriotas iguales a mí?; ¿por qué defender a los demás?; ¿por qué debería trabajar por el bien común? Si las verdades morales no pueden reconocerse públicamente como tales, la democracia no es posible.

LA VERDAD MORAL, LA CONCIENCIA
Y LA DEMOCRACIA AMERICANA.
Visita Ad Limina *de los obispos de los Estados Unidos,*
27 de junio de 1998

Si no hay un modelo objetivo que ayude a decidir entre las diferentes concepciones del bien personal y común, entonces la política democrática se reduce a una lucha áspera por el poder. Si el derecho constitucional y el legislativo no tienen en cuenta la ley moral objetiva, las primeras víctimas serán la justicia y la equidad, porque se convierten en cuestiones de opinión personal.

LA VERDAD MORAL, LA CONCIENCIA
Y LA DEMOCRACIA AMERICANA.
Visita Ad Limina *de los obispos de los Estados Unidos,*
27 de junio de 1998

La Iglesia también presta un servicio realmente vital a la nación cuando despierta la conciencia pública sobre la naturaleza moralmente condenable de las campañas en favor de la legalización del suicidio asistido y la eutanasia. La eutanasia y el suicidio son graves violaciones de la ley de Dios; su legalización constituye una amenaza directa contra las personas menos capaces de defenderse y resulta muy perjudicial para las instituciones democráticas de la sociedad.

AMÉRICA: SEA HOSPITALARIA A LA VIDA.
Visita Ad Limina *de los obispos de los Estados Unidos,*
2 de octubre de 1998

Mientras se desarrolla el testimonio ecuménico en defensa de la vida, es necesario poner gran empeño pedagógico para aclarar la diferencia moral sustancial entre la interrupción de tratamientos médicos que pueden ser gravosos, peligrosos o desproporcionados con respecto a los resultados esperados —lo que el Catecismo de la Iglesia católica llama "encarnizamiento terapéutico"— y la supresión de los medios ordinarios para conservar la vida, como la alimentación, la hidratación y los cuidados médicos normales.

AMÉRICA: SEA HOSPITALARIA A LA VIDA.
Visita Ad Limina *de los obispos de los Estados Unidos,*
2 de octubre de 1998

...el comercio de drogas, el lavado de las ganancias ilícitas, la corrupción en cualquier ambiente, el terror a la violencia, el armamentismo, la discriminación racial, las desigualdades entre los grupos sociales, la irrazonable destrucción de la naturaleza. Estos pecados manifiestan una profunda crisis debido a la pérdida del sentido de Dios y a la ausencia de los principios morales que deben regir la vida de todo hombre. Sin una referencia moral se cae en un afán ilimitado de riqueza y de poder, que ofusca toda visión evangélica de la realidad social.

ECCLESIA EN AMÉRICA.
Exhortación apostólica postsinodal,
22 de enero de 1999

El perdón atestigua que en el mundo está presente el amor más fuerte que el pecado. El perdón es además la condición fundamental de la reconciliación, no sólo en la relación de Dios con el hombre, sino también en las recíprocas relaciones entre los hombres. Un mundo del que se eliminase el perdón sería solamente un mundo de justicia fría e irrespetuosa, en nombre de la cual cada uno reivindicaría sus propios derechos respecto a los demás; así los egoísmos de distintos géneros, adormecidos en el hombre, podrían transformar la vida y la convivencia humana en un sistema de opresión de los más débiles por parte de los más fuertes o en una arena de lucha permanente de los unos contra los otros.

CARTA ENCÍCLICA SOBRE LA MISERICORDIA DE DIOS,
(Dives in misericordia), 1980

¿Por qué la vida es un bien? La pregunta se encuentra en toda la Biblia, y ya desde sus primeras páginas encuentra una respuesta eficaz y admirable. La vida que Dios da al hombre es original y diversa de la de las demás criaturas vivientes, ya que el hombre, aunque proveniente del polvo de la tierra (cf. Gn 2, 7; 3, 19; Jb 34, 15; Sal 103/102, 14; 104/103, 29), es manifestación de Dios en el mundo, signo de su presencia, resplandor de su gloria (cf. Gn 1, 26–27; Sal 8, 6).

CARTA ENCÍCLICA SOBRE EL EVANGELIO DE LA VIDA
(Evangelium vitae), 1995

La lujuria, y en particular la lujuria del cuerpo, es una amenaza dirigida a la estructura del dominio de uno mismo, por el cual el ser humano se desarrolla.

AUDIENCIA GENERAL: BENDITOS SEAN LOS
DE CORAZÓN PURO, 28 de mayo de 1980

Reivindicar el derecho al aborto, al infanticidio, a la eutanasia, y reconocerlo legalmente, significa atribuir a la libertad humana un *significado perverso* e *inicuo:* el de un *poder absoluto sobre los demás y contra los demás.* Esta es la muerte de la verdadera libertad: "En verdad, en verdad os digo: todo el que comete pecado es un esclavo" (Jn 8, 34).

CARTA ENCÍCLICA SOBRE EL EVANGELIO DE LA VIDA
(Evangelium vitae), 1995

Entre vuestras muchas actividades en servicio de la vida, hay una que, especialmente en este momento en la historia, merece nuestro apoyo más firme: es la batalla continua contra lo que el Concilio Vaticano II llama "el crimen abominable" del aborto. La indiferencia al carácter sagrado de la vida en el útero facilita la aceptación de otras prácticas que van en contra de los derechos fundamentales del individuo.

DISCURSO A LOS OBISPOS EN LOS ÁNGELES,
septiembre de 1987

¡Muchos de los problemas [de la vida moderna] son resultado de una noción falsa de la libertad individual que penetra nuestra cultura, como si sólo pudiéramos ser libres rechazando todas las normas objetivas de conducta, rehusando la responsabilidad o aun rehusando poner límites a los instintos y a las pasiones! En cambio, la libertad verdadera supone que somos capaces de elegir un bien sin reserva. Esa es la forma verdaderamente humana de proceder en las elecciones —grandes o pequeñas— que nos presenta la vida.

DISCURSO EN COLUMBIA
(Carolina del Sur), 11 de septiembre de 1987

Nada "de afuera" ensucia al hombre; la mugre "material" no hace al hombre impuro en lo moral, o sea, en el sentido interior. Ninguna ablución, ni siquiera una de naturaleza ritual, es capaz de producir por sí misma la pureza moral. Esta tiene su fuente exclusiva en el hombre; proviene del corazón.

AUDIENCIA GENERAL: BENDITOS SEAN LOS
DE CORAZÓN PURO, 10 de diciembre de 1980

En la perspectiva materialista expuesta antes aquí, las relaciones interpersonales experimentan grave empobrecimiento. Los primeros que sufren sus consecuencias negativas son la mujer, el niño, el enfermo o el que sufre y el anciano. El criterio propio de la dignidad personal —el del respeto, el agradecimiento y el servicio— se sustituye por el criterio de la eficiencia, la funcionalidad y la utilidad. Se aprecia al otro no por lo que "es", sino por lo que "tiene, hace o produce". Es la supremacía del más fuerte sobre el más débil.

CARTA ENCÍCLICA SOBRE EL EVANGELIO DE LA VIDA
(Evangelium vitae), 1995

Frente a estos problemas y a estas desilusiones, muchos tratarán de huir de las propias responsabilidades, refugiándose en el egoísmo, en los placeres sexuales, en la droga, en la violencia, en la indiferencia o en una actitud de cinismo. Pero hoy yo os propongo la opción del amor, que es lo contrario de la huida.

DISCURSO EN BOSTON, 1 de octobre de 1979

La fe cristiana y la Iglesia cristiana no se oponen a la representación del mal en sus diversas formas. El mal es una realidad cuyo alcance se ha sufrido en este siglo hasta el extremo, en vuestro país y en el mío. Sin la realidad del mal, la realidad del bien, de la redención, de la misericordia y de la salvación no se pueden medir. Esto no es una licencia para el mal, sino más bien es una indicación de su posición.

DISCURSO EN MUNICH, 19 de noviembre de 1980

Teniendo a la vista la imagen de la generación a la que pertenecemos, la Iglesia comparte la inquietud de tantos hombres contemporáneos. Por otra parte, debemos preocuparnos también por el ocaso de tantos valores fundamentales que constituyen un bien indiscutible no sólo de la moral cristiana, sino simplemente de la moral humana, de la cultura moral, como el respeto a la vida humana desde el momento de la concepción, el respeto al matrimonio en su unidad indisoluble, el respeto a la estabilidad de la familia.

CARTA ENCÍCLICA SOBRE LA MISERICORDIA DE DIOS
(Dives in misericordia), 1980

La misericordia en sí misma, en cuanto perfección de Dios infinito, es también infinita. Infinita, pues, e inagotable es la prontitud del Padre en acoger a los hijos pródigos que vuelven a casa. Son infinitas la prontitud y la fuerza del perdón que brotan continuamente del valor admirable del sacrificio de su Hijo. No hay pecado humano que prevalezca por encima de esta fuerza y ni siquiera que la limite.

CARTA ENCÍCLICA SOBRE LA MISERICORDIA DE DIOS
(Dives in misericordia), 1980

Además, en el conjunto del horizonte cultural no deja de influir también una especie de actitud prometedora del hombre que, de este modo, se cree señor de la vida y de la muerte porque decide sobre ellas, cuando en realidad es derrotado y aplastado por una muerte cerrada irremediablemente a toda perspectiva de sentido y esperanza. Encontramos una trágica expresión de todo esto en la difusión de la *eutanasia,* encubierta y subrepticia, practicada abiertamente o incluso legalizada.

CARTA ENCÍCLICA SOBRE EL EVANGELIO DE LA VIDA
(Evangelium vitae), 1995

Uno de los principales problemas pastorales que debemos afrontar es la difundida interpretación incorrecta del papel de la conciencia, allí donde la conciencia y la experiencia individual se consideran superiores o se oponen a la enseñanza de la Iglesia. Los jóvenes de los Estados Unidos, y en realidad los de todo el mundo occidental, con frecuencia son víctimas de teorías educativas que afirman que cada uno "crea" sus propios valores y que "sentirse satisfecho" es el principio moral fundamental; por eso, piden que se les libre de esa confusión moral.

DISCURSO *AD LIMINA* A LOS OBISPOS DE NUEVA INGLATERRA,
21 de septiembre de 1993

En una cultura tecnológica en que estamos acostumbrados a dominar la materia, descubriendo sus leyes y sus mecanismos para transformarla según nuestra voluntad, surge el peligro de querer manipular también la conciencia y sus exigencias. En una cultura que sostiene que no puede existir ninguna verdad universalmente válida, nada es absoluto. Así pues, al fin y al cabo —dicen— la bondad objetiva y el mal ya no importan. El bien se convierte en lo que agrada o es útil en un momento particular, y el mal es lo que contradice nuestros deseos subjetivos. Cada persona puede construir un sistema privado de valores.

DISCURSO DEL PAPA DURANTE LA VIGILIA DE ORACIÓN,
14 de agosto de 1993

Un hombre moderado no abusa de la comida, la bebida, el placer; no toma en exceso bebidas alcohólicas; no pierde el conocimiento por el abuso de la droga o el narcótico. Nos podemos imaginar que dentro de nuestro ser hay un yo "bajo" y un yo "alto". En nuestro yo "bajo", nuestro "cuerpo" expresa sus necesidades, sus deseos y sus pasiones de naturaleza sensible. La virtud de la abstinencia garantiza a todos los seres humanos el control del yo "bajo" por el yo "alto". ¿Es acaso una cuestión, en este caso, de una humillación, de una incapacidad de nuestro cuerpo? ¡Todo lo contrario! Ese control le da nuevo valor, lo exalta.

DISCURSO EN EL VATICANO, 22 de noviembre de 1978

El mayor obstáculo en el camino del hombre hacia Dios es el pecado, la perseverancia en el pecado y, por fin, la negación de Dios —el hecho deliberado de borrar a Dios del mundo del pensamiento humano, el apartarle de toda actividad terrenal del hombre, el rechazo de Dios por el hombre.

EL MENSAJE DE FÁTIMA, 13 de mayo de 1982

El hombre actual parece estar siempre amenazado por lo que produce, es decir, por el resultado del trabajo de sus manos y más aún por el trabajo de su entendimiento, de las tendencias de su voluntad. Los frutos de esta múltiple actividad del hombre se traducen muy pronto y de manera a veces imprevisible en objeto de "alienación", es decir, son pura y simplemente arrebatados a quien los ha producido; pero, al menos parcialmente, en la línea indirecta de sus efectos, esos frutos se vuelven contra el mismo hombre; ellos están dirigidos o pueden ser dirigidos contra él. En esto parece consistir el capítulo principal del drama de la existencia humana contemporánea en su dimensión más amplia y universal.

CARTA ENCÍCLICA SOBRE EL REDENTOR DEL HOMBRE
(Redemptor hominis), 1979

El apoyo de Juan Pablo II a la paz no surge de una posición política. Ha hablado en contra de las guerrillas del Sendero Luminoso en Perú con la misma fuerza con que habló en contra de la invasión iraquí en Kuwait y contra la guerra entre los Estados Unidos e Iraq. Y ha llevado su mensaje hasta los países que participaban en guerras, como Gran Bretaña durante la guerra de las Malvinas en 1983.

Para Juan Pablo, una de las tragedias de la guerra es el efecto que produce en los que sufren la pobreza. Ha observado que la venta de los enormes arsenales de armas del mundo priva a los pobres de lo necesario para la vida, algo muy evidente en los países del tercer mundo, pero también en países industrializados. Y en la opinión del Santo Padre, la misma pobreza extrema es una amenaza grave a la paz.

El Papa también piensa que la paz está vinculada con la libertad religiosa. Cree que el sentimiento religioso auténtico promueve la paz y que si las autoridades públicas aseguran la libertad religiosa, fomentan la causa de la paz. Además, el Papa entiende que los gobiernos son capaces de predicar la paz y participar en la guerra simultáneamente. Nos recuerda que la paz no es una consigna para tranquilizar o engañar.

Juan Pablo no es un pacifista; así lo ha dicho. Nunca ha negado la necesidad de entrar en guerra contra un agresor. Pero apela constantemente a los países en guerra para que se reúnan a discutir las posibilidades de la paz.

En la visión del Papa, lo que garantiza la paz es el principio moral, y cualesquiera que sean las causas sociales de la guerra, la responsabilidad personal y moral es lo fundamental. Sin esto, la paz no puede durar.

La paz

La paz no es ni una utopía, ni un ideal inaccesible, ni un sueño irrealizable. La guerra no es una calamidad inevitable. La paz es posible.

negociación: la única solución realista
a la amenaza continua de guerra, junio de 1982

Los pueblos israela y palestina ya están cargando con el peso del sufrimiento que es demasiado pesado. Este peso no debe aumentar; por el contrario, merece el compromiso máximo para encontrar los caminos para llegar a arreglos necesarios y valientes. Los esfuerzos en este respecto ciertamente les ganarán el agradecimiento de futuras generaciones y de toda la humanidad. Pues sólo una Tierra Santa en paz puede recibir bien los miles de peregrinos que durante el Gran Jubileo del Año 2000 desearán rezar allí.

carta a benjamín netanyahu y yasir arafat,
16 de junio de 1997

¡Todos juntos, judíos, cristianos, musulmanes, israelíes y árabes, creyentes y no creyentes, deben crear y reforzar la paz; la paz de tratados, la paz de confianza, la paz en el corazón! En ésta parte del mundo, como en otras partes, la paz no puede ser justa ni puede durar mucho tiempo si no surge de un diálogo sincero entre personas iguales, con respeto por la identidad e historia de cada uno, si no surge de los derechos de cada persona a determinar su propio destino, y de su independencia y seguridad. ¡No hay excepción! Y todos los que han acompañado a los que están más directamente involucrados en el proceso de paz del Medio Oriente deben duplicar sus esfuerzos para asegurar que el capital módico de confianza ya acumulada no se desperdicie en lugar de aumentar el interés.

discurso al cuerpo diplomático, 13 de enero de 1997

Las guerras, aún cuando "resuelven" los problemas que las han originado, lo hacen siempre dejando a su paso víctimas y destrucción, que pesan sobre las sucesivas negociaciones de paz. Esta idea debe mover a los pueblos, las naciones y los estados a superar decididamente la "cultura de la guerra", no sólo en su expresión más detestable del poderío bélico como instrumento de opresión, sino también en la menos odiosa, pero no menos dañina, del recurso a las armas como medio rápido para afrontar los problemas. Especialmente en un tiempo como el nuestro, que conoce las más sofisticadas tecnologías destructivas, es urgente desarrollar una sólida "cultura de paz", que prevenga y evite el desencadenamiento imparable de la violencia armada, estableciendo incluso intervenciones con miras a impedir el crecimiento de la industria y del comercio de armas.

MENSAJE PARA LA JORNADA MUNDIAL DE LA PAZ,
1 de enero de 1997

Pero, además de la educación familiar fundamental, los niños tienen derecho a una específica formación para la paz en la escuela y en las demás estructuras educativas, las cuales tienen la misión de hacerles comprender gradualmente la naturaleza y las exigencias de la paz dentro de su mundo y de su cultura. Es necesario que los niños aprendan la historia de la paz y no sólo la de las guerras ganadas o perdidas. ¡Que se les ofrezca, por tanto, ejemplos de paz y no de violencia! Afortunadamente, se pueden encontrar numerosos modelos positivos en cada cultura y en cada período de la historia. Es preciso crear iniciativas educativas adecuadas, promoviendo con creatividad vías nuevas, sobre todo donde más acusada es la miseria cultural y moral. Todo debe estar dispuesto para que los pequeños lleguen a ser heraldos de paz.

MENSAJE PARA LA JORNADA MUNDIAL DE LA PAZ,
8 de agosto de 1995

Auschwitz, al lado de otros lugares, queda como símbolo dramáticamente elocuente de las consecuencias del totalitarismo. La peregrinación a estos lugares con el recuerdo y con el corazón, en este quincuagésimo aniversario, es obligatoria. "Me arrodillo", dije en el año 1979 durante la santa misa celebrada en Brzezinka, cerca de Auschwitz, "sobre este Gólgota del mundo contemporáneo". Como entonces, renuevo idealmente mi peregrinación a tales campos de exterminio. Me paro especialmente "ante las lápidas con la inscripción en hebreo", para recordar al pueblo "cuyos hijos e hijas estaban destinados al exterminio total" y para confirmar que "no le es lícito a nadie pasar con indiferencia".

MENSAJE DEL QUINCUAGÉSIMO ANIVERSARIO DEL FINAL DE
LA SEGUNDA GUERRA MUNDIAL,
8 de mayo de 1995

Las divisiones causadas por la segunda guerra mundial nos recuerdan el hecho de que la fuerza al servicio de la "voluntad de poder" es un instrumento inadecuado para construir la verdadera justicia. Ésta más bien produce un nefasto proceso de consecuencias imprevisibles para hombres, mujeres y pueblos que corren así el peligro de perder toda la dignidad humana junto con los bienes e incluso la propia vida. Resuena fuerte todavía el llamamiento que el Papa Pío XII, de venerable memoria, hizo en agosto de 1939, precisamente en vísperas de aquel trágico conflicto, en un último intento de evitar el recurso a las armas: "El peligro es inminente, pero aún hay tiempo. Nada se pierde con la paz, todo puede perderse con la guerra. Vuelvan los hombres a comprenderse, vuelvan a tratar".

MENSAJE DEL QUINCUAGÉSIMO ANIVERSARIO DEL FINAL DE
LA SEGUNDA GUERRA MUNDIAL,
8 de mayo de 1995

Un factor que paraliza gravemente el progreso de no pocas naciones de América es la de armamentos. Desde las iglesias particulares de América debe alzarse una voz profética que denuncie tanto el armamentismo como el escandaloso comercio de armas de guerra, el cual emplea grandes sumas de dinero que deberían, en cambio, destinarse a combatir la miseria y a promover el desarrollo.

ECCLESIA EN AMÉRICA.
Exhortación apostólica postsinodal,
22 de enero de 1999

La Iglesia católica, en todos los lugares de la tierra, proclama un mensaje de paz, reza por la paz, educa al hombre para la paz. Esta finalidad está compartida y en ella se comprometen también los representantes y seguidores de otras iglesias, comunidades y religiones del mundo. Y este trabajo, unido a los esfuerzos de todos los hombres de buena voluntad, da ciertamente sus frutos. Sin embargo, siempre nos perturban los conflictos bélicos que estallan de vez en cuando.

DISCURSO EN LAS NACIONES UNIDAS,
2 de octubre de 1979

La guerra fue obra del hombre. La guerra es la destrucción de vida humana. La guerra es la muerte. En ninguna parte se imponen estas verdades sobre nosotros más rigurosamente que en esta ciudad de Hiroshima, en este monumento a la paz.

DISCURSO EN EL MONUMENTO A LA PAZ, *Hiroshima,*
25 de febrero de 1981

En las condiciones actuales, la detención que se basa en un balance, ciertamente no como un fin en sí mismo, sino como un paso hacia un desarme progresivo, puede ser moralmente aceptable. Sin embargo, para asegurar la paz, es indispensable no estar satisfecho con ese mínimo que es siempre susceptible al peligro real de una explosión.

NEGOCIACIÓN: LA ÚNICA SOLUCIÓN REALISTA A LA
AMENAZA CONTINUA DE GUERRA,
junio de 1982

En realidad, las armas nucleares no son el único medio de guerra y destrucción. La producción y la venta de armas convencionales por todo el mundo es un fenómeno verdaderamente alarmante y evidentemente creciente. La negociación de armas debe tomar en cuenta que el 80% de los gastos en armas se dedican a las armas convencionales. Además, el tráfico de estas armas parece estar aumentando y parece ser dirigido principalmente a países en vías de desarrollo. Cada paso tomado para limitar esta producción y

tráfico y para ponerlos bajo un control más efectivo será una contribución importante a la causa de la paz.

NEGOCIACIÓN: LA ÚNICA SOLUCIÓN REALISTA A LA
AMENAZA CONTINUA DE GUERRA,
junio de 1982

En nuestro mundo moderno rechazar la paz significa no sólo
provocar el sufrimiento y la pérdida que —hoy más que nunca—
la guerra, aun una guerra limitada, implica. Este rechazo también
puede traer la destrucción total de regiones enteras, por no mencionar la amenaza de catástrofes posibles o probables en proporciones cada vez mayores y quizá universales.

NEGOCIACIÓN: LA ÚNICA SOLUCIÓN REALISTA A LA
AMENAZA CONTINUA DE GUERRA,
junio de 1982

Los antiguos solían decir: *"Si vis parem, para bellum"* (si quieres la
paz, prepara la guerra). Pero en nuestra época, ¿puede creerse
todavía que la vertiginosa espiral de los armamentos sirva para
lograr la paz en el mundo? Alegando la amenaza de un enemigo
potencial se piensa, en cambio, en guardarse a su vez un medio de
amenaza para obtener el predominio con la ayuda del propio
arsenal de destrucción. Incluso aquí está la dimensión humana de
la paz que tiende a desaparecer en favor de eventuales imperialismos siempre nuevos.

DISCURSO EN LAS NACIONES UNIDAS, 2 de octubre de 1979

A su vez, la segunda mitad de nuestro siglo —como en proporción con los errores y transgresiones de nuestra civilización contemporánea— lleva en sí una amenaza tan horrible de guerra
nuclear, que no podemos pensar en este período sino en términos
de una incomparable acumulación de sufrimientos, hasta llegar a
la posible autodestrucción de la humanidad.

CARTA SOBRE EL SENTIDO CRISTIANO
DEL SUFRIMIENTO HUMANO, 1984

Donde no hay justicia —quién no lo sabe— no puede haber paz,
porque la injusticia ya es un desorden y la palabra del profeta

sigue siendo verdad: *"opus justitia pax"* (el trabajo de la justicia es la paz, Is 32:17). De la misma manera, donde no hay respeto por los derechos humanos —hablo de los derechos inalienables que son inherentes a la persona— no puede haber paz porque todas las violaciones de la dignidad personal están a favor del rencor y del espíritu de la vendetta.

DISCURSO DE NAVIDAD, 22 diciembre de 1978

En particular, el embargo, bien definido por el derecho, es un instrumento que se ha de utilizar con gran discernimiento, y debe estar guiado por criterios jurídicos y éticos estrictos. Constituye un medio de presión para obligar a los gobiernos que han violado el código internacional de buena conducta a revisar sus decisiones. Pero en cierto sentido, es también un acto de fuerza y, como demuestran algunos casos de actualidad, inflige graves privaciones a las poblaciones de los países que lo sufren. Me llegan a menudo solicitudes de ayuda de parte de esas personas víctimas del aislamiento y la indigencia. Aquí quisiera recordaros a vosotros que, antes de imponer esas medidas, es preciso prever siempre las consecuencias humanitarias de las sanciones, velando por la justa proporción que deben guardar con el mal al que se quiere poner remedio.

PREVINIENDO LA RUINA DE LA CIVILIZACIÓN.
Discurso a los miembros del cuerpo diplomático, 19 de enero de 1995

Todos sabemos bien que las zonas de miseria o de hambre que existen en nuestro globo hubieran podido ser "fertilizadas" en breve tiempo, si las gigantescas inversiones de armamentos que sirven a la guerra y a la destrucción, hubieran sido cambiadas por inversiones para el alimento que sirvan a la vida.

CARTA ENCÍCLICA SOBRE EL REDENTOR DEL HOMBRE
(Redentor hominis), 1979

La responsabilidad de la paz cae especialmente sobre los líderes del mundo. Los representantes de los gobiernos y de la gente deben dirigir todos sus esfuerzos para librar a la humanidad no sólo de las guerras y los conflictos, sino también del miedo que generan las armas mortales que son cada vez más sofisticadas. La

paz no sólo es la ausencia de la guerra; requiere también una confianza recíproca entre las naciones —una confianza que se manifiesta en negociaciones constructivas que intentan poner fin a la
carrera de las armas y liberar recursos inmensos que pueden ser
usados para aliviar la miseria y alimentar a millones de seres
humanos hambrientos.

EN UNA REUNIÓN CON EL PRESIDENTE REAGAN,
7 de junio de 1982

Acordarse de Hiroshima es comprometerse a la paz. Acordarse
del sufrimiento de la gente de esta ciudad es renovar nuestra fe en
el hombre, en su capacidad por hacer el bien, en su libertad para
elegir lo justo, en su determinación para transformar el desastre
en un nuevo comienzo. Frente a la calamidad humana que toda
guerra es, uno debe afirmar y reafirmar una y otra vez que hacer
la guerra no es inevitable. La humanidad no está destinada a la
destrucción de sí misma.

DISCURSO EN EL MONUMENTO A LA PAZ,
Hiroshima, 25 de febrero de 1981

La oración es una conversación con Dios, y la invitación de Dios a rezar, a conversar con Él, es un testimonio de la gran estima que tiene Dios por los hombres. Juan Pablo subraya la importancia de la dignidad individual en este tema —la oración es el individuo hablando directamente con Dios.

En la familia, la oración expresa la unión de la familia con Cristo. Todos los momentos importantes de la vida familiar —nacimientos y muertes, aniversarios de bodas y cumpleaños, regresos y partidas, decisiones importantes y crisis familiares— deberían ser ocasiones para rezar. Los padres deberían enseñar a rezar a los hijos, dar ejemplo de vida de oración, y rezar con ellos.

Esta oración privada o familiar debería ser un preludio a la oración litúrgica de la Iglesia, y especialmente a la participación en la celebración de la misa. Guardando el año litúrgico y sus fiestas, la familia ayuda a integrar la oración privada con la oración pública de la Iglesia. La oración privada está sostenida por el ministerio de la Iglesia, y especialmente por los sacramentos de la reconciliación y la Eucaristía.

LA ORACIÓN

Virgen Madre,
guíanos y sosténnos para que vivamos siempre
como auténticos hijos e hijas
de la Iglesia de tu Hijo
y podamos contribuir a establecer sobre la tierra
la civilización de la verdad y del amor,

según el deseo de Dios
y para su gloria.
Amen.

EXHORTACIÓN APOSTÓLICA EN LA CATEDRAL DE SAN PEDRO
(Roma), 30 de diciembre de 1988

La oración nos llama a examinar nuestras conciencias sobre todos los temas que afectan a la humanidad. Nos llama a meditar nuestra responsabilidad personal y colectiva ante el juicio de Dios y a la luz de la solidaridad humana. De aquí que la oración sea capaz de transformar el mundo. Todo se renueva con la oración, tanto los individuos como las comunidades. Surgen nuevos objetivos e ideales. La dignidad y la acción cristiana se reafirman. Las obligaciones de nuestro bautismo, la confirmación y las sagradas órdenes adquieren nueva urgencia. Los horizontes del amor conyugal y de la misión de la familia se extienden ampliamente en la oración.

DISCURSO *AD LIMINA* A LOS OBISPOS AMERICANOS DE
BALTIMORE, WASHINGTON, ATLANTA Y MIAMI,
10 de junio de 1988

Quiera Dios que la perspectiva del ya próximo Jubileo del año 2000 suscite en todos una actidud de humildad, capaz de realizar la "necesaria purificación de la memoria histórica" a través de la conversión del corazón y la oración, de modo que favorezca la petición y el ofrecimiento recíproco de perdón por las incomprensiones de los siglos pasados.

CARTA APOSTÓLICA CON OCASIÓN DEL 350° ANIVERSARIO
DE LA UNIÓN DE UZHOROD, 18 de abril de 1996

En el camino ecuménico hacia la unidad, la primacía corresponde sin duda a la oración común, a la unión orante de quienes se congregan en torno a Cristo mismo. Si los cristianos, a pesar de sus divisiones, saben unirse cada vez más en oración común en torno a Cristo, crecerá en ellos la conciencia de que es menos lo que los divide que lo que los une. Si se encuentran más frecuente y asiduamente delante de Cristo en la oración, hallarán fuerza para afrontar toda la dolorosa y humana realidad de las divisiones, y de nuevo se encontrarán en aquella comunidad de la Iglesia que Cristo forma incesantemente en el Espíritu Santo, a pesar de todas las debilidades y limitaciones humanas.

CARTA ENCÍCLICA SOBRE EL EMPEÑO ECUMÉNICO
(Ut unum sint), 1995

Si deseáis seguir a Cristo, si queréis que vuestro amor crezca y permanezca, debéis ser fieles a la oración. Es la clave de la vitalidad de la vida en Cristo. Sin la oración, vuestra fe y vuestro amor morirán. Si sois constantes en la oración diaria y en la celebración de misa los domingos, vuestro amor para Jesús aumentará. Y vuestros corazones conocerán una gran alegría y paz.

DISCURSO EN NUEVA ORLEANS, 12 de septiembre de 1987

Cuando es difícil rezar, lo más importante es no dejar de rezar, no parar el esfuerzo. En esos momentos, volved a la Biblia y a la liturgia de la Iglesia. Meditad sobre la vida y las enseñanzas de Jesús según están recogidas en los Evangelios. Meditad sobre la sabiduría y los consejos de los Apóstoles y los mensajes desafiantes de los profetas. Tratad de hacer de verdad vuestras las bellas oraciones de los Salmos. Encontraréis en la palabra inspirada de Dios el alimento espiritual que necesitáis. Sobre todo, vuestras almas se refrescarán al participar de todo corazón con la comunidad en la celebración de la Eucaristía, la oración más grande de la Iglesia.

DISCURSO EN NUEVA ORLEANS, 12 de septiembre de 1987

Mediante esta plegaria de Cristo, a la que nosotros prestamos la voz, se santifica nuestro día, se transforman nuestras actividades, se santifican nuestras acciones. Rezamos los mismos salmos que rezó Jesús, y entramos en contacto personal con Él, que es la persona a la que apuntan las Escrituras, la meta a la que va dirigida la historia.

DISCURSO EN LA CATEDRAL DE SAN PATRICIO
(Nueva York), 3 de octubre de 1979

Es significativo que, precisamente en la oración y mediante la oración, el hombre descubra de manera sencilla y profunda su propia subjetividad típica: en la oración el "yo" humano percibe más fácilmente la profundidad de su ser como persona.

CARTA A LAS FAMILIAS PARA EL AÑO
INTERNACIONAL DE LA FAMILIA, 22 de febrero de 1994

La oración refuerza la solidez y la cohesión espiritual de la familia, ayudando a que ella participe de la "fuerza" de Dios.

CARTA A LAS FAMILIAS PARA EL AÑO
INTERNACIONAL DE LA FAMILIA, 22 de febrero de 1994

Hay varias definiciones de la oración. Pero es muy a menudo llamada una charla, una conversación, un coloquio con Dios. Al conversar con alguien, no sólo hablamos, sino que también escuchamos. La oración, por lo tanto, también es escuchar. Consiste en escuchar la voz interior de la gracia. Escuchar para oír la llamada. Y luego, ya que me preguntáis cómo reza el Papa, os respondo: como todos los cristianos —el Papa habla y escucha. A veces reza sin palabras, y entonces escucha mucho más. Lo más importante es precisamente lo que "oye". Y trata también de unir la oración con sus obligaciones, sus actividades, su trabajo y unir su trabajo con la oración. De esa manera, día tras día, trata de llevar a cabo su "servicio", su "ministerio", que le viene de la voluntad de Cristo y de la tradición viva de la Iglesia.

DISCURSO AL INSTITUT CATOLIQUE (París), 1 de junio de 1980

La oración puede de verdad cambiar vuestra vida. Porque vuelve nuestra atención hacia fuera y dirige la mente y el corazón hacia el Señor. Si nos miramos sólo a nosotros mismos, con nuestras limitaciones y pecados, rápidamente caemos en la tristeza y en el desánimo. Pero si nuestras miradas permanecen fijas en el Señor, nuestros corazones se llenan de esperanza, nuestras mentes se bañan en la luz de la verdad, y llegamos a conocer la plenitud del Evangelio con todas sus promesas y su vida.

DISCURSO A LA JUVENTUD EN NUEVA ORLEANS,
12 de septiembre de 1987

Sólo una Iglesia que alaba y reza puede ser lo suficientemente sensible a las necesidades de los enfermos, los que sufren, los que están solos —especialmente en los grandes centros urbanos— y los pobres en todas partes. La Iglesia, como una comunidad de servicio, tiene que sentir en primer lugar el peso de la carga llevada por tantos individuos y familias, y luego esforzarse por ayudar a aliviar estas cargas. El seguimiento de Cristo que la Iglesia descubre en la oración lo expresa en su profundo interés por los hermanos de Cristo en el mundo moderno y por sus muchas y diversas necesidades. Su preocupación, manifestada en varias formas, abraza —entre otros— los ámbitos de la vivienda, la educación, la asistencia a la salud, el desempleo, la administración de la justicia, las necesidades especiales de los ancianos y los minusválidos. En la oración, la Iglesia confirma su solidaridad con los débiles que están oprimidos, los vulnerables que son manipulados, los niños que son explotados y todos los que de alguna manera sufren la discriminación.

DISCURSO *AD LIMINA* A LOS OBISPOS DE LOS ESTADOS UNIDOS,
3 de diciembre de 1983

La Iglesia universal de Cristo, y en consecuencia, cada iglesia particular, existe en función de la oración. Al rezar, el ser humano expresa su naturaleza; la comunidad expresa su vocación; la Iglesia tiende la mano a Dios. Al orar, la Iglesia logra la comunicación con el Padre y su Hijo, Jesucristo (cf 1Jn 1, 3). En la oración, la Iglesia expresa su vida trinitaria, porque se dirige al Padre, experimenta la acción del Espíritu Santo, y vive plenamente su relación con Cristo. Realmente se siente a sí misma como el Cuerpo de Cristo y el Cristo místico.

DISCURSO AD LIMINA A LOS OBISPOS
AMERICANOS DE BALTIMORE, WASHINGTON,
ATLANTA Y MIAMI, 10 de junio de 1988

No hay que olvidar nunca que la oración es parte constitutiva y esencial de la vida cristiana considerada en su integridad y profundidad. Más aún, pertenece a nuestra misma "humanidad" y es "la primera expresión de la verdad interior del hombre, la primera condición de la auténtica libertad del espíritu".

EXHORTACIÓN APOSTÓLICA SOBRE LA FAMILIA
(Familiaris consortio), 1981

Esta plegaria tiene como contenido original la misma vida de familia que en las diversas circunstancias es interpretada como vocación de Dios y es realizada como respuesta filial a su llamada: alegrías y dolores, esperanzas y tristezas, nacimientos y cumpleaños, aniversarios de la boda de los padres, partidas, alejamientos y regresos, elecciones importantes y decisivas, muertes de personas queridas, etc., señalan la intervención del amor de Dios en la historia de la familia, como deben también señalar el momento favorable de acción de gracias, de imploración, de abandono confiado de la familia al Padre común que está en los cielos.

EXHORTACIÓN APOSTÓLICA SOBRE LA FAMILIA
(Familiaris consortio), 1981

La verdad de la oración es tanto la causa como el efecto de un estilo de vida que se ubica en la luz del Evangelio.

MENSAJE MUNDIAL SOBRE LA MISIÓN, 18 de octubre de 1981

A la luz de esta dificultad, debemos demostrar sin cesar que la oración cristiana es inseparable de nuestra fe en Dios, Padre, Hijo y Espíritu Santo, de nuestra fe en su amor y su poder redentor, que obra en el mundo. Por consiguiente, la oración vale la pena sobre todo para nosotros: Señor "aumenta nuestra fe" (Lc 17, 6). Tiene como meta nuestra conversión, es decir, como lo explicó San Cipriano, un abrirse interior y exterior, la voluntad de abrirse a la acción transformadora de la gracia.

MENSAJE MUNDIAL SOBRE LA MISIÓN, 18 de octubre de 1981

El rosario es mi oración preferida. ¡Es una oración maravillosa! Maravillosa en su sencillez y en su profundidad. En la oración repetimos muchas veces las palabras que la Virgen María escuchó del Arcángel y de su parienta Isabel.

DISCURSO EN EL VATICANO, 26 de octubre de 1978

EL PROGRESO Y EL MUNDO MODERNO

La búsqueda de la verdad científica tiene extraordinaria importancia para este Papa intelectual y científico. La aplicación de la razón al estudio de la naturaleza es una noble actividad, y los productos de tal trabajo son positivos. Para el Santo Padre, la ciencia tiene mucho potencial como una fuerza unificadora, y no ve conflicto alguno entre la ciencia y la religión. A su entender, el progreso científico sirve al progreso espiritual, porque a través de la ciencia y la tecnología el hombre logra una libertad que le permite beneficiar y ser útil a otros.

Juan Pablo ha pedido a los teólogos que eliminen la ignorancia sobre los adelantos de la ciencia, buscando el diálogo con los científicos. Cuando comentó en 1979 que "No podemos negar que Galileo sufrió mucho en manos de la Iglesia", se refería precisamente a esta ignorancia en cuestiones científicas por parte de la Iglesia. Tanto a teólogos como a científicos, les pide que "sean conscientes des sus propias capacidades" y que sean fieles a la verdad en todo, porque "la verdad os hará libres".

Los científicos, según Juan Pablo, nunca deberían olvidar que lo espiritual completa la búsqueda de la verdad. El biólogo, por ejemplo, que estudia el cuerpo como una máquina, llega a una verdad y un conocimiento impresionantes, pero sin embargo limitada. Además de eso, el cuerpo humano tiene un componente espiritual que no puede ser ignorado ni negado.

Juan Pablo pide que la comunidad científica acepte su responsabilidad en la investigación, especialmente en los campos de la genética y la ciencia nuclear; el primero porque puede hacer que el ser humano se transforme en un medio en lugar de ser respetado como persona; y el segundo, porque puede, en ciertas aplicaciones, amenazar la vida en la tierra.

Lejos de oponerse al desarrollo, Juan Pablo ve el subdesarrollo como una fuente de injusticia, pobreza y guerra. Cuando critica las preocupaciones materiales de los ricos del mundo, no es porque le interese disminuir la velocidad del progreso sino porque cree que ahí donde la búsqueda del aumento de bienes materiales domina todo, el progreso real no puede surgir. Un progreso auténtico requiere no sólo la satisfacción de bienes materiales, sino también el logro de la plenitud espiritual.

El progreso y el mundo moderno

El dominio confiado al hombre por el Creador no es un poder absoluto, ni se puede hablar de libertad de "usar y abusar", ni de disponer de las cosas como mejor parezca. La limitación impuesta por el mismo Creador desde el principio, y expresada simbólicamente con la prohibición de "comer del fruto del árbol" (cf. Gén 2, 16s.), muestra claramente que, ante la naturaleza visible, estamos sometidos a leyes no sólo biológicas sino también morales, cuya transgresión no queda impune.

CARTA ENCÍCLICA SOBRE LA SOLICITUD SOCIAL
(Sollicitudo rei socialis), 1987

Cualquier progreso que asegurase el mejoramiento de unos pocos a costa de la gran familia humana sería un progreso erróneo y distorsionado. Sería un ultraje contra las exigencias de la justicia y una afrenta a la dignidad de cada ser humano.

EDIFICANDO EL CUERPO DE CRISTO:
Visita pastoral a los Estados Unidos, 1987

En la edad moderna secularizada vemos la reemergencia de una tentación doble: un concepto del conocimiento que ya no se entiende como sabiduría y contemplación, sino como el poder sobre la naturaleza, que como consecuencia es considerado un objeto para conquistar. La otra tentación es la explotación desenfrenada de recursos con el deseo de buscar ganancias sin límite, de acuerdo a la mentalidad capitalista típica de las sociedades modernas. De ésta manera el ambiente llega a ser víctima de los interéses de unos pocos grupos industriales poderosos, al detrimento de toda la humanidad, con el consecuente daño al balance del ecosistema, la salud dc los habitantes y de las futuras generaciones.

DISCURSO A LA CONVENCIÓN SOBRE EL MEDIO AMBIENTE
Y LA SALUD, 24 de marzo de 1997

Por tanto, apelo a la conciencia de los responsables del mundo científico, y de modo particular a los médicos, para que se detenga la producción de embriones humanos, teniendo en cuenta que no se vislumbra una salida moralmente lícita para el destino humano de los miles y miles de embriones "congelados", que son y siguen siendo siempre titulares de los derechos esenciales y que, por tanto, hay que tutelar jurídicamente como seres humanos. Mi voz se dirige también a todos los juristas para que hagan lo posible a fin de que los estados y las instituciones internacionales reconoz-can jurídicamente los derechos naturales del ser humano desde el inicio de su vida y también tutelen los derechos inalienables que los miles de embriones "congelados" han adquirido intrínseca-mente desde el momento de la fecundación.

DISCURSO DURANTE EL SIMPOSIO SOBRE EL DERECHO
Y LA FAMILIA, 24 de mayo de 1996

Las terapias embrionarias que se aplican ahora en los campos médico, quirúrgico y genético ofrecen nuevas esperanzas de sal-var la vida de quienes padecen patologías incurables o muy difí-ciles de curar después del nacimiento. Así, confirman la enseñanza que la Iglesia ha sostenido basándose tanto en la filosofía como en la teología. De hecho, la fe no disminuye el valor y la validez de la razón; al contrario, la apoya y la ilumina, espe-cialmente cuando la debilidad humana o las influencias psico-sociales negativas reducen su perspicacia.

LA ÉTICA DE LAS TERAPIAS EMBRIONARIAS. Discurso
a los participantes en el congreso internacional sobre "El feto como
paciente", 3 de abril de 2000

Por el conocimiento de la genética y la biología molecular, los científicos pueden penetrar con su mirada científica el tejido de la vida y los mecanismos que caracterizan a los individuos, de ésta manera asegurando la continuidad de la especie humana. Estos avances continuamente revelan la grandeza del Creador, porque permiten que el hombre descubra el orden intrínseco de la creación y aprecie las maravillas de su cuerpo, además de su intelecto, que en cierto respecto refleja la luz de la palabra de Dios por quien "todo fué creado" (Jn 1:3).

LA DIGNIDAD DEL GENOMA HUMANO.
Discurso a la cuarta asamblea general de la Academia Pontificia para la vida, 9 de julio de 1997

En la edad moderna...hay una tendencia fuerte a desear el conocimiento no por el descubrimiento y la contemplación, sino por aumentar el poder sobre las cosas. El conocimiento y el poder están más y más entrelazados en una mentalidad que puede llegar a encarcelar al hombre. Con respecto al conocimiento del genoma humano, esta mentalidad puede llevar a la interferencia en la estructura interna de la vida humana con vistas a dominar, seleccionar y manipular el cuerpo y, finalmente, a la persona y a las futuras generaciones.

LA DIGNIDAD DEL GENOMA HUMANO.
Discurso a la cuarta asamblea general de la Academia Pontificia para la vida, 9 de julio de 1997

Detener el proyecto de la clonación humana es un deber moral que debiera traducirse en términos culturales, sociales y legislativos. El progreso de la investigación científica no es igual al surgimiento del despotismo científico.

LA CLONACIÓN DEL SER HUMANO ES INMORAL.
Reflexiones de la Academia Pontificia para la vida, 9 de julio de 1997

La separación entre la Iglesia y el estado en los Estados Unidos definitivamente ni fué un esfuerzo para prohibir toda convicción religiosa del ámbito público, ni un tipo de destierro de Dios de la sociedad civil. Efectivamente, la gran mayoría de los americanos, cualquiera que sea su creencia religiosa, está convencida de que la convicción religiosa y los argumentos morales basados en la religión juegan un papel importante en la vida pública.

EL DESAFÍO A LA DEMOCRACIA AMERICANA. *Discurso a la señora Corinne "Lindy" Boggs, embajadora de los Estados Unidos de América,* 16 de diciembre de 1997

Como sabéis, Cuba tiene un alma cristiana y eso la ha llevado a tener una vocación universal. Llamada a vencer el aislamiento, ha de abrirse al mundo y el mundo debe acercarse a Cuba, a su pueblo, a sus hijos, que son sin duda su mayor riqueza. ¡Esta es la hora de emprender los nuevos caminos que exigen los tiempos de renovación que vivimos, al acercarse el tercer milenio de la era cristiana!

DOCTRINA DE LA LIBERTAD Y DE LA SOLIDARIDAD. *Homilía en La Habana en la Plaza de "José Martí",* 25 de enero de 1998

...si se requiere la extensión de la especie humana, ésta duplicación de la estructura del cuerpo no implica necesariamente una persona perfectamente idéntica, vista desde su realidad ontológica y psicológica. El alma espiritual que se crea directamente por Dios no puede ser generada por los padres, producida por la inseminación artificial ni clonada.

LA CLONACIÓN DEL SER HUMANO ES INMORAL. *Reflexiones de la Academia Pontificia para la vida,* 9 de julio de 1997

El tema ecológico —desde la preservación del "hábitat" natural de las diversas especies animales y formas de vida, hasta la "ecología humana" propiamente dicha— encuentra en la Biblia una luminosa y fuerte indicación ética para una solución respetuosa del gran bien de la vida, de toda vida.

CARTA ENCÍCLICA SOBRE EL EVANGELIO DE LA VIDA *(Evangelium vitae),* 1995

Un número cada vez mayor de científicos se está dando cuenta de su responsabilidad y están convencidos de que no puede haber ciencia sin conciencia. Este pensamiento fundamental es una ganancia positiva y alentadora de nuestro tiempo, que está mejor

equipado para medir las limitaciones de la ciencia y tener buen
cuidado de no identificar con la ciencia como tal.

DISCURSO EN LA UNIVERSIDAD DE FRIBOURG, SUIZA,

13 de junio de 1984

También las distintas técnicas de reproducción artificial, que
aparentemente están puestas al servicio de la vida y que son prac-
ticadas no pocas veces con esta intención, en realidad dan pie a
nuevos atentados contra la vida. Se producen con frecuencia
embriones en número superior al necesario para su implantación
en el seno de la mujer, y los llamados "embriones supernumerar-
ios" son posteriormente suprimidos o utilizados para investiga-
ciones que, bajo el pretexto del progreso científico o médico,
reducen en realidad la vida humana a simple "material biológico"
del que se puede disponer libremente.

CARTA ENCÍCLICA SOBRE EL EVANGELIO DE LA VIDA

(Evangelium vitae), 1995

Nos debemos convencer de la prioridad de la ética sobre la técnica, del primado de la persona sobre las cosas y de la superiori-
dad del espíritu sobre la materia.

LA LIBERTAD DE LA CONCIENCIA Y LAS RELIGIONES,

1 de septiembre de 1980

La tecnología facilita el trabajo, lo perfecciona, lo acelera y lo mul-
tiplica. Fomenta el aumento de la producción y perfecciona
incluso la calidad de muchos productos. Es un hecho, por otra
parte, que a veces la tecnología puede transformarse de aliada en
adversaria del hombre, como cuando la mecanización del trabajo
"suplanta" al hombre, quitándole toda satisfacción personal y el
estímulo a la creatividad y la responsabilidad.

CARTA ENCÍCLICA SOBRE EL TRABAJO HUMANO

(Laborem exercens), 1981

Ciertamente debemos agradecer a la nueva tecnología que nos permita guardar información en memorias artificiales hechas por el
hombre, procurando así un acceso amplio e inmediato a los conocimientos que son nuestro patrimonio humano, a las enseñanzas y a

la tradición de la Iglesia, a las palabras de la Sagrada Escritura, a los consejos de los grandes maestros de la espiritualidad, a la historia y a las tradiciones de las iglesias locales, las órdenes religiosas y los institutos laicos, y a las ideas y experiencias de los iniciadores e innovadores cuyas intuiciones dan testimonio constante de la presencia fiel entre nosotros de un Padre amoroso que saca de su tesoro cosas nuevas y viejas.

DECLARACIÓN DEL DÍA MUNDIAL DE LOS MEDIOS
DE COMUNICACIÓN, *La Iglesia debe aprender a servirse de los ordenadores electrónicos,"* 27 de mayo de 1989

La ciencia en el campo de la biofisiología y la biomedicina ha progresado mucho. Sin embargo, esta ciencia trata al hombre bajo un "aspecto" determinado y por lo tanto resulta ser más práctica que universal. Conocemos bien las funciones relacionadas con la masculinidad y la feminidad del ser humano, pero esta ciencia no alcanza a desarrollar la conciencia del cuerpo como un signo de la persona, como una manifestación del espíritu.

AUDIENCIA GENERAL: BENDITOS SEAN LOS DE CORAZÓN PURO,
8 de abril de 1981

Nuestra época y las épocas anteriores creyeron demasiado fácilmente que las conquistas científicas y técnicas serían equivalentes al progreso humano o por lo menos, garantizarían un progreso que traería consigo la libertad y la felicidad. Hoy día, muchos académicos y cada vez un mayor número de nuestros contemporáneos se están dando cuenta de que la transformación precipitada del mundo pone en peligro grave el equilibrio complejo y delicado que existe en la naturaleza.

DISCURSO EN LA UNIVERSIDAD DE FRIBOURG, SUIZA,
13 de junio de 1984

Con el advenimiento de la telecomunicación digital y de lo que se conoce como sistemas de participación de ordenadores, la Iglesia encuentra otro medio para realizar su misión. Estos métodos para facilitar la comunicación y el diálogo entre sus propios miembros pueden fortificar los vínculos entre ellos. El acceso inmediato a la

información hace posible que pueda profundizar su diálogo con
el mundo contemporáneo.

DECLARACIÓN DEL DÍA MUNDIAL DE LOS MEDIOS
DE COMUNICACIÓN, *La Iglesia debe aprender a servirse de los
ordenadores electrónicos,"* 27 de mayo de 1989

Nos preocupa ver cómo avanza hoy el desierto y cubre tierras que
hasta ayer fueron prósperas y fértiles. No podemos olvidar que,
en muchos casos, es el mismo hombre el causante de la esterilización de tierras que se han vuelto desérticas, así como de la con-
taminación de aguas que eran sanas. Cuando no se respetan los
bienes de la tierra, cuando se abusa, se está obrando de manera
injusta y hasta criminal, por las consecuencias de miseria y muerte
que conlleva para muchos hermanos y hermanas nuestros.

MENSAJE PARA LA CUARESMA DE 1993:
LOS DESIERTOS DEL MUNDO, 7 de enero de 1993

Muchas veces en los años recientes, la Iglesia ha tratado temas
relacionados con los avances en la tecnología biomédica. Lo ha
hecho no para desanimar el progreso científico o juzgar severa-
mente a los que quieren extender las fronteras del conocimiento y
la habilidad humana. A la larga, el propósito de la enseñanza de la
Iglesia en este campo es defender la dignidad innata y los derechos fundamentales del ser humano. En este respecto la Iglesia no
puede dejar de subrayar la necesidad de proteger la vida y la integridad del embrión y del feto humano.

DISCURSO EN PHOENIX *(Arizona),* 14 de septiembre de 1987

Todos nosotros, de alguna manera, experimentamos el dolor y el
sufrimiento en nuestras vidas. Ninguna cantidad de progreso
económico, científico o social puede erradicar nuestra vulnerabi-
lidad al pecado y a la muerte.

HOMILÍA EN MISA EN EL COLISEO DE LOS ÁNGELES,
15 de septiembre de 1987

El gusto de la observación empírica, los procedimientos de objeti-
vación científica, el progreso técnico, algunas formas de libera-
lismo han llevado a contraponer los dos términos, como si la

dialéctica —e incluso el conflicto— entre libertad y naturaleza fuera una característica estructural de la historia humana. En otras épocas parecía que la "naturaleza" sometiera totalmente al hombre a sus dinamismos e incluso a sus determinismos. Aún hoy día las coordenadas espacio-temporales del mundo sensible, las constantes fisicoquímicas, los dinamismos corpóreos, las pulsaciones psíquicas y los acondicionamientos sociales parecen a muchos como los únicos factores realmente decisivos de las realidades humanas. En este contexto, incluso los hechos morales, independientemente de su naturaleza especificativa, son considerados a menudo como si fueran datos estadísticamente constatables, como comportamientos observables o explicables sólo con las categorías de los mecanismos psicosociales.

CARTA ENCÍCLICA SOBRE EL ESPLENDOR DE LA VERDAD
(Veritatis splendor), 1993

Nuestra civilización, especialmente en el occidente —conectada como está con el desarrollo de la ciencia y la tecnología— vislumbra la necesidad del esfuerzo intelectual y físico. Por otra parte, no considera suficientemente la importancia del esfuerzo necesario para recuperar y promocionar los valores morales, que componen la vida interior más auténtica del hombre. Y lo paga con ese sentido de vacío y de confusión que sienten los jóvenes especialmente, a veces dramáticamente.

DISCURSO A LOS JÓVENES, 1979

La perspectiva del progreso económico y la posibilidad de obtener una porción aún mayor de los bienes que ofrece el mundo moderno, podrán pareceros una oportunidad para alcanzar aún mayor libertad. Cuanto más poseéis —podréis ser tentados de pensar— más os sentiréis liberados de todo tipo de restricción. Para ganar más dinero y poseer más, para eliminar el esfuerzo y la preocupación, podréis ser tentados a tomar atajos morales en lo referente a la honestidad, la verdad y el trabajo. El progreso de la ciencia y la tecnología parece ser inevitable y podéis sentiros tentados a mirar hacia la sociedad técnica para las soluciones a vuestros problemas.

DISCURSO EN DUBLÍN, 29 de septiembre de 1979

En efecto, el progreso científico-técnico, que el hombre contemporáneo acrecienta continuamente en su dominio sobre la naturaleza, no desarrolla solamente la esperanza de crear una humanidad nueva y mejor, sino también una angustia cada vez más profunda ante el futuro. Algunos se preguntan si es un bien vivir o si sería mejor no haber nacido; dudan de si es lícito llamar a otros a la vida, los cuales quizás maldecirán su existencia en un mundo cruel, cuyos terrores no son ni siquiera previsibles. Otros piensan que son los únicos destinatarios de las ventajas de la tecnología y excluyen a los demás, a los cuales imponen medios anticonceptivos o métodos aún peores. Otros todavía, cautivos como son de la mentalidad consumista y con la única preocupación de un continuo aumento de bienes materiales, acaban por no comprender, y por consiguiente rechazar la riqueza espiritual de una nueva vida humana. La razón última de estas mentalidades es la ausencia, en el corazón de los hombres, de Dios cuyo amor solo es más fuerte que todos los posibles miedos del mundo y los puede vencer.

EXHORTACIÓN APOSTÓLICA SOBRE LA FAMILIA
(Familiaris consortio), 1981

Tal vez las palabras más memorables de Juan Pablo sobre la responsabilidad de los ricos para con los pobres fueron dichas en el estadio Yankee, en 1979, cuando pidió a los países ricos, como los Estados Unidos, que traten a los pobres "como invitados a la mesa familiar", no dejándoles sólo "las migas del banquete", sino haciéndoles participar en la cena. Una distribución más justa de la abundancia material del mundo ha sido su súplica y preocupación constante.

Juan Pablo une la libertad espiritual con una cierta satisfacción de las necesidades materiales. Donde domina la pobreza extrema, los valores espirituales se quiebran y florece la violencia. En este sentido, los bienes materiales y espirituales están distribuidos injustamente en el mundo, y este desequilibrio se debe reajustar.

Juan Pablo es impaciente con los que observan y se compadecen de manera pasiva de los pobres. El amor a los pobres, a su juicio, tiene que transformarse en acción. Los pobres no pueden ser ignorados con la excusa de que un mundo mejor les espera. Individuos con una gran riqueza deberían compartirla; familias con dos sueldos deberían compartir con los que no tienen ningún ingreso; naciones bendecidas con mucha riqueza material debieran compartirla con los que tienen pocos recursos. El Santo Padre pide que todos tengan "una preferencia especial" para los pobres y hambrientos: no basta con una preocupación pasiva.

El Papa es muy específico en cuanto al significado de esa "preferencia especial" por los pobres, particularmente en cuestiones de redistribución de riqueza. En su batalla contra la pobreza, no ha dudado en abrazar a los pobres, aun a los pobres que en su lucha contra la pobreza recurren a la revolución.

LOS RICOS Y LOS POBRES

Si sólo queréis tener más y más, si vuestro ídolo es la ganancia y el placer, recordad que el valor del ser humano no se mide por lo que tiene, sino por lo que es. Por tanto, el que ha acumulado mucho, y cree que todo se resume en eso, debe recordar que él mismo puede valer mucho menos (para sí mismo y en los ojos de Dios) que cualquiera de esos pobres o desconocidos.

DISCURSO A LOS INDÍGENAS DE LA AMAZONIA,
30 de junio de 1980

Una de las mayores injusticias del mundo contemporáneo consiste precisamente en esto: en que son relativamente pocos los que poseen mucho y muchos los que no poseen casi nada. Es la injusticia de la mala distribución de los bienes y servicios destinados originariamente a todos.

CARTA ENCÍCLICA SOBRE LA SOLICITUD SOCIAL
(Sollicitudo rei socialis), 1987

El complejo fenómeno de la globalización, como he recordado anteriormente, es una de las características del mundo actual, perceptible especialmente en América. Dentro de esta realidad polifacética, tiene gran importancia el aspecto económico. Con su doctrina social, la Iglesia ofrece una valiosa contribución a la problemática que presenta la actual economía globalizada. Su visión moral en esta materia "se apoya en las tres piedras angulares fundamentales de la dignidad humana, la solidaridad y la subsidio". La economía globalizada debe ser analizada al luz de los principios de la justicia social, respetando la opción preferencial por los pobres, que han de ser capacitados para protegerse en una economía globalizada, y ante las exigencias del bien común internacional.

ECCLESIA EN AMÉRICA. *Exhortación apostólica postsinodal,*
22 de enero de 1999

En efecto, no sería lícito para nadie, y mucho menos aún para la autoridad pública, responsable del bien común, ignorar el drama de tantas personas y de familias enteras obligadas a vivir en la calle o a conformarse con refugios ocasionales e inadecuados. Además, es triste que tantos jóvenes, por la dificultad de encontrar una vivienda, y a menudo también por la falta o la precariedad de trabajo, deban aplazar durante mucho tiempo su matrimonio o, incluso, renunciar a formar su propia familia. Por eso, sea bienvenida esta expresión renovada de la conciencia ética y jurídica internacional que, mientras reafirma el derecho a la vivienda para todos, subraya también su estrecha conexión con el derecho a formar una familia y a tener un trabajo retribuido adecuamente.

DISCURSO EN LA CONFERENCIA DE LAS NACIONES UNIDAS
SOBRE EL DERECHO A LA VIVIENDA, 16 de junio de 1996

Uno de los frutos más amargos de las guerras y de las dificultades económicas es el triste fenómeno de los refugiados y los prófugos, fenómeno que, como recuerda el sínodo, ha alcanzado dimensiones trágicas. La solución ideal está en el restablecimiento de una paz justa, en la reconciliación y en el desarrollo económico. Por tanto, es urgente que las organizaciones nacionales, regionales e internacionales, resuelvan de modo equitativo y duradero los problemas de los refugiados y de los prófugos. Entre tanto, puesto que el continente sigue sufriendo las migraciones masivas de refugiados, dirijo una apremiante llamada para que se les preste ayuda material y se les ofrezca apoyo pastoral allí donde se encuentra, en África o en otros continentes.

EXHORTACIÓN APOSTÓLICA SOBRE LA IGLESIA EN ÁFRICA
(*Ecclesia en África*), 14 de septiembre de 1995

Como bien sabéis, son muchas las razones de esta situación paradójica, en la que la abundancia coexiste con la escasez; entre ellas, algunas políticas que reducen fuertemente la producción agrícola, la corrupción tan difundida en la vida pública y las masivas inversiones en sistemas de armas sofisticadas, en perjuicio de las necesidades primarias de los pueblos. Éstas y otras razones contribuyen a la creación de lo que llamáis estructuras del hambre. Se trata de los mecanismos del comercio internacional, mediante los cuales los países menos favorecidos, los que tienen mayor necesidad de alimentos, son excluidos, de un modo u otro, del mercado, impidiendo así una distribución justa y eficaz de los productos agrícolas. Con todo, otra razón consiste en el hecho de que ciertas formas de ayuda para el desarrollo se conceden sólo con la condición de que los países más pobres adopten políticas de ajustes estructurales, políticas que limitan drásticamente la capacidad de esos países de adquirir los alimentos necesarios.

CONFERENCIA GENERAL XXVIII DE LA ORGANIZACIÓN DE
LAS NACIONES UNIDAS PARA LA AGRICULTURA Y LA
ALIMENTACIÓN, 23 de octubre de 1995

La distribución equitativa de los bienes, querida por el Creador, constituye un imperativo urgente también en el sector de la salud: es preciso que, por fin, cese la persistente injusticia que, sobre todo en los países pobres, priva a gran parte de la población de los cuidados indispensables para la salud. Se trata de un grave escándalo, frente al cual los responsables de las naciones no pueden sino sentirse comprometidos a hacer todo lo posible para que quienes carecen de medios materiales puedan gozar al menos de la atención sanitaria básica. Promover la "salud para todos" es un deber primario de todo miembro de la comunidad internacional. Para los cristianos, además, se trata de un compromiso íntimamente vinculado al testimonio de su fe.

MENSAJE PARA LA JORNADA MUNDIAL DEL ENFERMO,
22 de agosto de 2000

Este es el escándalo de la opulenciar del mundo de hoy, en las que los ricos se hacen cada vez más ricos, porque la riqueza produce riqueza, y los pobres son cada vez más pobres, porque la pobreza tiende a crear nueva pobreza. Este escándalo no se produce solamente en todas las naciones, sino que sus dimensiones superan ampliamente sus confines. Sobre todo hoy, con el fenómeno de la globalización de los mercados, los países ricos y desarrollados tienden a mejorar ulteriormente su condición económica, mientras que los países pobres —exceptuando algunos en vías de un

desarrollo prometedor— tienden a hundirse aún más en formas
de pobreza cada vez más penosas.

JUBILEO DE LOS GOBERNANTES, PARLAMENTARIOS
Y POLÍTICOS, 4 de noviembre de 2000

Cuando grandes extensiones de terreno no están suficientemente
usadas, ésto justifica la expropiación de la tierra —con compen-
sación adecuada para los dueños— para que puedan ser repartida
entre los que no tienen nada, o que no tienen lo suficiente.

HACIA UNA DISTRIBUCIÓN MEJOR DE LA TIERRA.
Documento del concilio pontificio
para la justicia y la paz hacia la reforma agraria,
23 de noviembre de 1997

A pesar de que la deuda internacional no es la única causa de la
pobreza en muchos países en vías de desarrollo, no se puede negar
que ha contribuído a la creación de condiciones de privación
extremas y que constituyen un desafío urgente a la conciencia del
género humano.

ENCUENTRO CON JESÚS: LAS CONVERSIONES, LA COMUNIÓN Y LA
SOLIDARIDAD. *Mensaje de la asamblea especial para*
América del sínodo de obispos, 9 de diciembre de 1997

El alivio de la deuda sólo empezará a aliviar la carga a los pobres.
Se necesita hacer mucho más para prevenir la marginalización de
países enteros y regiones de la economía global. Cualquier reducción de la deuda debiera resultar en beneficios para los pobres. Se
tienen que tomar medidas para evitar las causas —cualesquiera
que sean— que crea la deuda.

ENCUENTRO CON JESÚS: LAS CONVERSIONES, LA COMUNIÓN Y LA
SOLIDARIDAD. *Mensaje de la asamblea especial para*
América del sínodo de obispos, 9 de diciembre de 1997

En la perspectiva del ya próximo Gran Jubileo del Año 2000 y
recordando el sentido social que los jubileos tenían en el Antiguo
Testamento, escribí: "Así, en el espíritu del Libro del Levítico (25,
8–12), los cristianos deberán hacerse voz de todos los pobres del
mundo, proponiendo el Jubileo como un tiempo oportuno para

pensar, entre otras cosas, en una notable reducción, si no en una total condonación, de la deuda internacional que pesa sobre el destino de muchas naciones".

ECCLESIA EN AMÉRICA. *Exhortación apostólica postsinodal,*
22 de enero de 1999

Superando los imperialismos de todo tipo y los propósitos por mantener la propia hegemonía, las naciones más fuertes y más dotadas deben sentirse moralmente responsables de las otras, con el fin de instaurar un verdadero sistema internacional que se base en la igualdad de todos los pueblos y en el debido respeto de sus legítimas diferencias. Los países económicamente más débiles, o que están en el límite de la supervivencia, asistidos por los demás pueblos y por la comunidad internacional, deben ser capaces de aportar a su vez al bien común sus tesoros de humanidad y de cultura, que de otro modo se perderían para siempre.

CARTA ENCÍCLICA SOBRE LA SOLICITUD SOCIAL
(Sollicitudo rei socialis), 1987

En cambio, quien cree que puede asegurar su vida mediante la acumulación de bienes materiales, como el rico agricultor de la parábola evangélica, en realidad se engaña. La vida se le está escapando, y muy pronto se verá privado de ella sin haber logrado percibir su verdadero significado: "¡Necio! Esta misma noche te reclamarán el alma; las cosas que preparaste, ¿para quién serán?" (Lc 12, 20).

CARTA ENCÍCLICA SOBRE EL EVANGELIO DE LA VIDA
(Evangelium vitae), 1995

Debería ser altamente instructiva una constatación desconcertante de este período más reciente: junto a las miserias del subdesarrollo, que son intolerables, nos encontramos con una especie de superdesarrollo, igualmente inaceptable porque, como el primero, es contrario al bien y a la felicidad auténtica. En efecto, este superdesarrollo, que consiste en la excesiva disponibilidad de toda clase de bienes materiales para algunas categorías sociales, fácilmente hace a los hombres esclavos de la "posesión" y del goce

inmediato, sin otro horizonte que la multiplicación o la sustitu-
ción continua de los objetos que se poseen por otros todavía más
perfectos. Es la llamada civilización del "consumo" o consumismo, que comporta tantos "desechos" o "basuras".

CARTA ENCÍCLICA SOBRE LA SOLICITUD SOCIAL
(Sollicitudo rei socialis), 1987

Cuando Occidente parece inclinarse hacia unas formas de aislamiento creciente y egoísta y Oriente, a su vez, parece ignorar
por motivos discutibles su deber de cooperación para aliviar la
miseria de los pueblos, uno se encuentra no sólo ante una traición
de las legítimas esperanzas de la humanidad con consecuencias
imprevisibles, sino ante una defección verdadera y propia
respecto de una obligación moral.

CARTA ENCÍCLICA SOBRE LA SOLICITUD SOCIAL
(Sollicitudo rei socialis), 1987

Las personas sin hogar forman un grupo que es aún más pobre
que los pobres; todos tenemos que ayudarles. Estamos convencidos de que un hogar es mucho más que un simple tejado donde
cobijarse. El lugar donde una persona crea y vive su vida es también de alguna manera el fundamento de la identidad más profunda de esa persona y de sus relaciones con otras personas.

NEGOCIACIÓN: LA ÚNICA SOLUCIÓN
REALISTA A LA AMENAZA CONTINUA DE GUERRA,
junio de 1982

El pensamiento y la praxis social que se inspiran en el Evangelio
deben tener especial sensibilidad hacia los más desventurados, los
que son extremadamente pobres, los que padecen los males físicos, mentales y morales que afligen a la humanidad, incluidos el
hambre, el abandono, el desempleo y la desesperación.

DISCURSO EN YANKEE STADIUM, NUEVA YORK,
2 de octubre de 1979

Dejando a un lado el análisis de cifras y estadísticas, es suficiente
mirar la realidad de una multitud ingente de hombres y mujeres,

niños, adultos y ancianos, en una palabra, de seres humanos concretos e irrepetibles, que sufren el peso intolerable de la miseria.

CARTA ENCÍCLICA SOLICITUD SOCIAL
(Sollicitudo rei socialis), 1987

Los pobres de Estados Unidos y del mundo son vuestros hermanos y hermanas en Cristo. No podéis contentaros nunca con dejarles sólo las migajas de la fiesta. Tenéis que tomar de vuestras posesiones —y no de lo que os sobre— para ayudarles. Y debéis tratarlos como invitados de vuestra mesa familiar.

DISCURSO EN YANKEE STADIUM, NUEVA YORK,
2 de octubre de 1979

Recordad cuando Jesús vio a la multitud hambrienta reunida en la montaña. ¿Cuál fue su respuesta? No se contentó con manifestar su compasión. Les dio a sus discípulos esta orden: "Dadles vosotros de comer" (Mt 14, 16). ¿No proyectó esas mismas palabras hacia nosotros hoy, hacia nosotros que vivimos en la última etapa del siglo XX, hacia nosotros que tenemos medios para alimentar a los hambrientos del mundo?

DISCURSO EN DES MOINES, IOWA, 4 de octubre de 1979

A la luz de las palabras de Cristo, este Sur pobre juzgará al Norte rico. Y la gente pobre y las naciones pobres —pobres en formas diversas, no sólo por falta de alimentos, sino también privados de su libertad y otros derechos humanos— juzgarán a la gente que les quita esos bienes, amasando para sí mismos el monopolio imperialista de la supremacía económica y política a costa de otros.

SERMÓN EN EDMONTON (ALBERTA), 17 de septiembre de 1984

En todo el mundo, la Iglesia desea ser la Iglesia de los pobres...o sea, desea lograr todas las verdades de las bienaventuranzas de Cristo y especialmente la primera: "Benditos sean los pobres de espíritu". Desea enseñar esa verdad y ponerla en práctica, tal como vino a hacer y a enseñar Jesús.

DISCURSO A LOS INDÍGENAS DE LA AMAZONIA,
30 de junio de 1980

Aun en esta nación rica, comprometida por sus fundadores a la dignidad y la igualdad de todas las personas, la comunidad negra sufre una parte desproporcionada de la privación económica. Demasiados de nuestros jóvenes reciben menos de una oportunidad de una buena educación y un empleo remunerado. La Iglesia debe seguir uniendo sus esfuerzos a los de otros que trabajan para corregir todos los desórdenes y desigualdades de naturaleza social. De ninguna manera puede la Iglesia quedarse en silencio frente a la injusticia en donde quiera que esté verdaderamente presente.

DISCURSO EN NUEVA ORLEANS, 12 de septiembre de 1987

El número de personas que hoy viven en condiciones de extrema pobreza es elevadísimo. Pienso, entre otras, en las situaciones dramáticas que se dan en algunos países africanos, asiáticos y latinoamericanos. Son amplios sectores, frecuentemente zonas enteras de la población que, en sus mismos países, se encuentran al margen de la vida civilizada; entre ellos se encuentra un número creciente de niños que para sobrevivir no pueden contar con más ayuda que con la propia. Semejante situación no constituye solamente una ofensa a la dignidad humana, sino que representa también una indudable amenaza para la paz. Un estado —cualquiera que sea su organización política y su sistema económico— es por sí mismo frágil e inestable si no dedica una atención continua a sus ciudadanos más débiles y no hace todo lo posible para satisfacer al menos sus exigencias primarias.

EL VÍNCULO ENTRE LA POBREZA Y LA PAZ: MENSAJE PARA EL DÍA MUNDIAL DE LA PAZ DE 1993, 11 de diciembre de 1992

En favor de la persona, y por tanto de la paz, es urgente aportar a los mecanismos económicos los correctivos necesarios que les permitan garantizar una distribución más justa y equitativa de los bienes. Para esto, no basta sólo el funcionamiento del mercado; es necesario que la sociedad asuma sus responsabilidades, multiplicando los esfuerzos, a menudo ya considerables, para eliminar las causas de la pobreza con sus trágicas consecuencias. Ningún país aisladamente puede llevar a cabo semejante medida. Precisamente por esto es necesario trabajar juntos, con la solidaridad exigida por un mundo que es cada vez más interdependiente.

Consintiendo a que perduren situaciones de extrema pobreza se dan las premisas de convivencias sociales cada vez más expuestas a la amenaza de violencias y conflictos.

EL VÍNCULO ENTRE LA POBREZA Y LA PAZ: MENSAJE PARA EL
DÍA MUNDIAL DE LA PAZ DE 1993, 11 de diciembre de 1992

El desarrollo no puede consistir solamente en el uso, dominio y posesión indiscriminada de las cosas creadas y de los productos de la industria humana, sino más bien en subordinar la posesión, el dominio y el uso a la semejanza divina del hombre y a su vocación a la inmortalidad.

CARTA ENCÍCLICA SOBRE LA SOLICITUD SOCIAL
(Sollicitudo rei socialis), 1987

En el último análisis, sin embargo, debemos reconocer que la injusticia social y las estructuras sociales injustas existen solamente porque hay individuos o grupos de individuos que los mantienen deliberadamente o los toleran. Son estas elecciones personales, actuando a través de estructuras, las que crean y propagan situaciones de pobreza, opresión y miseria. Por esta razón, la conquista del pecado "social" y la reforma del mismo orden social deben comenzar por la conversión de nuestros corazones. Como han dicho los obispos americanos: "El Evangelio otorga a cada cristiano la vocación de amar a Dios y al prójimo en formas que den fruto en la vida de la sociedad. Esa vocación consiste sobre todo en una transformación del corazón: una conversión expresada en la alabanza a Dios y en obras concretas de justicia y servicio".

JUSTICIA ECONÓMICA PARA TODOS: LA DOCTRINA SOCIAL
Y LA ECONOMÍA DE LOS ESTADOS UNIDOS.
Discurso a CARITAS, California, 19 de septiembre de 1987

La muerte de Cristo en la cruz une el sufrimiento físico y el espiritual: Cristo asumió y sufrió la maldad moral del pecado.

El mismo Juan Pablo ha sufrido considerable dolor físico, tanto en su juventud como recientemente. La herida que sufrió en un intento de asesinato es bien conocida; hace poco, una estadía en el sanatorio después de su caída le fue bien dolorosa. Tiene un sentido casi místico de sí mismo como de quien sufre por toda la humanidad. Desde su cama en el hospital, en mayo de 1994, habló sobre su dolor, y sobre el intento de asesinato en la década anterior como evidencia que el Papa debe sufrir, asumiendo para sí el dolor de otros.

Juan Pablo ha puesto de relieve que frente al sufrimiento de otros, la simpatía y la compasión, aun con la sinceridad más profunda, son insuficientes. Aliviar el sufrimiento es la única opción moral, una obligación que no puede ser esquivada. Por otro lado, el sufrimiento puede transformarnos, enseñarnos la compasión y acercarnos más a Cristo. A través del sufrimiento podemos —como Él— participar en la salvación del mundo. Como consecuencia, "en nuestros propios sufrimientos encontramos la paz interior y aun la alegría espiritual".

El Papa ha hablado con frecuencia del sufrimiento de los ancianos, no sólo sus sufrimientos físicos, sino también sus dolores psicológicos y emocionales. Juan Pablo siempre insiste en que la familia es la fuente de alivio de tal dolor.

Por último, el Santo Padre recuerda a los que se enfrentan con la muerte que participan en la muerte y resurrección de Cristo, que la oración es la fuente de esperanza en tiempos de crisis y que no hay dolor ni sufrimiento mayor que estar separado de Dios.

EL SUFRIMIENTO Y LA MUERTE

La Sagrada Escritura es un gran libro de sufrimiento.
CARTA APOSTÓLICA SOBRE EL SENTIDO CRISTIANO DEL
SUFRIMIENTO HUMANO, 1984

Toda preocupación por los enfermos y los que sufren es parte de la vida y la misión de la Iglesia. La Iglesia siempre se ha reconocido a sí misma como encargada por Cristo de la protección de los pobres, los débiles, los indefensos, los que sufren y los que lloran. Esto significa que cuando aliviáis el sufrimiento y tratáis de curar, sois también testigos de la visión cristiana del sufrimiento y del significado de la vida y la muerte como lo enseña vuestra fe cristiana.
HOMILÍA EN LA MISA EN EL COLISEO DE LOS ÁNGELES,
15 de septiembre de 1987

La carta a los Hebreos habla del camino hacia la perfección a través del sufrimiento (véase Heb 5, 8–10). Es así como las llamas purificadoras del dolor y de la prueba tienen el poder de transformarnos desde adentro al incitar nuestro amor, enseñándonos la compasión por los demás y acercándonos a Cristo. Después de su Hijo, María es el ejemplo más perfecto de esto. Precisamente por ser la Madre de los Dolores es una madre que nos enseña a cada uno de nosotros y a todos nosotros. La espada espiritual que traspasa su corazón conoce un río de compasión para todos los que sufren.
HOMILÍA EN LA MISA EN EL COLISEO DE LOS ÁNGELES,
15 de septiembre de 1987

Amadísimos hermanos y hermanas que sufrís en el espíritu y en el cuerpo, no cedáis ante la tentación de considerar el dolor como una experiencia únicamente negativa, hasta el punto de dudar de la bondad de Dios. En el Cristo paciente todo enfermo encuentra el significado de sus propios padecimientos. El sufrimiento y la enfermedad pertenecen a la condición del hombre, criatura frágil y limitada, marcada desde su nacimiento por el pecado original. Sin

embargo, en Cristo muerto y resucitado la humanidad descubre
una nueva dimensión de su sufrimiento: en vez de ser un fracaso,
constituye una ocasión para dar un testimonio de fe y amor.

MENSAJE PARA LA JORNADA MUNDIAL DE LOS ENFERMOS,
18 de octubre de 1996

Con el paso de los años, las fuerzas físicas van debilitándose poco a
poco. Pero la fuerza interior no sigue las leyes físicas. En efecto, el
sacerdocio no puede reducirse sólo a aspectos funcionales. Somos
ministros de Cristo y de su Esposa y, durante el tiempo que Dios
quiera, nos espera aún una tarea formidable. Que las dificultades
y las pruebas no nos desalienten nunca; no caigamos en la
tentación de repetir el lamento de Jeremías: "¡Ah, Señor! Mira
que no sé expresarme, que soy un anciano". El Señor nos alienta:
"No digas: 'Soy un anciano', pues adondequiera que yo te envíe
irás, y todo lo que te mande dirás. No les tengas miedo, que con-
tigo estoy yo para salvarte...Mira que he puesto mis palabras en tu
boca". (cfr. Jr 1, 6–9).

MEDITACIÓN EN EL ANIVERSARIO DE SU ORDENACIÓN,
1 de noviembre de 1996

En un tiempo como el nuestro, en el que el hombre logra doblegar
su voluntad a las mismas leyes de la naturaleza, la drogadicción,
con su capacidad de debilitar la fuerza de voluntad de la persona,
constituye un obstáculo. Esta manifiesta la íntima fragilidad del
ser humano y su necesidad de ayuda por parte del ambiente que lo
rodea y, más radicalmente, por parte del único que puede actuar
en lo más profundo de su psiquis en dificultad. La relación con
Dios, vivida con una actitud de auténtica fe, constituye un apoyo
sumamente eficaz en el camino de recuperación de situaciones
humanamente desesperadas: quien ha tenido la experiencia la
conoce muy bien y puede atestiguarlo.

DISCURSO A LA FEDERACIÓN ITALIANA DE COMUNIDADES
TERAPÉUTICAS, 26 de junio de 1995

Con este espíritu, mientras os deseo, queridos hermanos y hermanas ancianos, que viváis serenamente los años que el Señor haya

dispuesto para cada uno, me resulta espontáneo compartir hasta el
fondo con vosotros los sentimientos que me animan en este tramo
de mi vida, después de más de veinte años de ministerio en la sede
de Pedro, y a la espera del tercer milenio ya a las puertas. A pesar
de las limitaciones que me han sobrevenido con la edad, conservo
el gusto a la vida. Doy gracias a Señor por ello. Es hermoso poderse
entregar hasta el final por la causa del Reino de Dios.

CARTA A LOS ANCIANOS, 1 de octubre de 1999

El minusválido, como cualquier otro sujeto débil, debe ser esti-
mulado a convertirse en protagonista de su existencia. Compete,
ante todo, a la familia, superado el primer momento, comprender
que el valor de la existencia trasciende el de la eficiencia. Si no
sucede así, corre el riesgo de desmoralizarse y quedar defraudada
cuando, a pesar de todas las tentativas, no se obtienen los resultados esperados de curación o recuperación.

LA DIGNIDAD Y LOS DERECHOS DE LOS NIÑOS MINUSVÁLIDOS.
Discurso a los participantes del congreso sobre "La familia y la integración
de los niños y adolescentes minusválidos",
4 de diciembre de 1999

El acertijo final para los seres humanos es la muerte. Al contem-
plar a Cristo, el hombre aprende que él mismo está destinado a
vivir. La Eucaristía de Cristo es la promesa de la vida. El que come
de la carne de Cristo y toma de su sangre ya tiene la vida eterna (Jn
6, 54). Por ultimo, en la conquista de la muerte por su resurrección,
Cristo revela la resurrección de todos; proclama la vida y revela el
hombre a sí mismo en su destino final, que es la vida.

DISCURSO *AD LIMINA* A LOS OBISPOS DE LOS ÁNGELES Y SAN
FRANCISCO, 7 de julio de 1988

Cristo asumió todo el sufrimiento humano y lo transformó radicalmente por el misterio Pascual de su pasión, muerte y resurrección. El triunfo de la Cruz da una dimensión nueva al sufrimiento
humano, un valor redentor.

HOMILÍA EN LA MISA EN EL COLISEO DE LOS ÁNGELES,
15 de septiembre de 1987

[Los ancianos] a veces son abandonados. Sufren su edad avanzada. También sufren por los problemas diversos que trae la vida avanazada. Pero su sufrimiento mayor ocurre cuando no encuentran la debida comprensión y agradecimiento de los que deben darlo.

AUDIENCIA GENERAL: LA FAMILIA — EL CENTRO DEL AMOR Y
DE LA VIDA, 31 de diciembre de 1978

La Iglesia reza por la salud de todos los enfermos, de todos los que sufren, de todos los incurables condenados a vivir con enfermedades irremediables. Reza por los enfermos, y reza *con* los enfermos. Está muy agradecida por todas las curas, aun parciales y graduales. Y al mismo tiempo, con su actitud entera da a entender —como Cristo— que la cura es algo excepcional, que desde el punto de vista de la "economía" divina de la salvación es un hecho extraordinario y casi "suplementario".

HOMILÍA EN LA BASÍLICA DE SAN PEDRO, 11 de febrero de 1979

El sufrimiento, en efecto, es siempre una prueba —a veces una prueba bastante dura— a la que es sometida la humanidad.

CARTA APOSTÓLICA SOBRE EL SENTIDO CRISTIANO DEL
SUFRIMIENTO HUMANO, 1984

La llamada "calidad de vida" se interpreta principal o exclusivamente como eficiencia económica, consumismo desordenado, belleza y goce de la vida física, olvidando las dimensiones más profundas —de relación, espirituales y religiosas— de la existencia. En semejante contexto el sufrimiento, elemento inevitable de la existencia humana, aunque también factor de posible crecimiento personal, es "censurado", rechazado como inútil, más aún, combatido como mal que debe evitarse siempre y de cualquier modo. Cuando no es posible evitarlo y la perspectiva de un bienestar al menos futuro se desvanece, entonces parece que la vida ha perdido ya todo sentido y aumenta en el hombre la tentación de reivindicar el derecho a su supresión.

CARTA ENCÍCLICA SOBRE EL EVANGELIO DE LA VIDA
(*Evangelium vitae*), 1995

Se puede decir que el hombre sufre, cuando experimenta cualquier mal. En el vocabulario del Antiguo Testamento, la relación entre sufrimiento y mal se pone en evidencia como identidad.

CARTA APOSTÓLICA SOBRE EL SENTIDO CRISTIANO DEL
SUFRIMIENTO HUMANO, 1984

Sin embargo, ¿cómo afrontar en la vejez el declive inevitable de la vida? ¿Qué actitud tomar ante la muerte? El creyente sabe que su vida está en las manos de Dios: "Señor, en tus manos está mi vida" (cf. Sal 16/15, 5), y que de Él acepta también el morir: "Esta sentencia viene del Señor sobre toda carne, ¿por qué desaprobar el agrado del Altísimo?" (Si 41, 4). El hombre, que no es dueño de la vida, ni de la muerte, en su vida, como en su muerte, debe confiarse totalmente al "agrado del Altísimo", a su designio de amor.

CARTA ENCÍCLICA SOBRE EL EVANGELIO DE LA VIDA
(Evangelium vitae), 1995

Dios está de parte de los humillados: está junto a los padres que lloran a sus hijos asesinados, escucha el grito impotente de los inermes que son atropellados, es solidario con las mujeres humilladas por la violencia, está cercano a los prófugos obligados a abandonar su tierra y sus casas. No olvida los sufrimientos de las familias, de los ancianos, de las viudas, de los jóvenes y de los niños. Es su pueblo el que está muriendo.

HOMILÍA: LA MISA PARA SARAJEVO EN CASTELGANDOLFO,
8 de septiembre de 1994

¡Queridos amigos! En lo sucedido al niño de Belén podéis reconocer la suerte de los niños de todo el mundo. Si es cierto que un niño es la alegría no sólo de sus padres, sino también de la Iglesia y de toda la sociedad, es cierto igualmente que en nuestros días muchos niños, por desgracia, sufren o son amenazados en varias partes del mundo: padecen hambre y miseria, mueren a causa de las enfermedades y de la desnutrición, perecen víctimas de la guerra, son abandonados por sus padres y condenados a vivir sin hogar, privados del calor de una familia propia, soportan muchas formas de violencia y de abuso por parte de los adultos. ¿Cómo es posible permanecer indiferente ante el sufrimiento de tantos niños, sobre todo cuando fue causado de algún modo por los adultos?

CARTA DE NAVIDAD A LOS NIÑOS DEL MUNDO
EN EL AÑO DE LA FAMILIA, 15 de diciembre de 1994

Cuando hemos intentado aliviar o superar el sufrimiento, cuando como Cristo hemos rezado para que "pase de mí este cáliz" (cf. Mt 26:39), y aun así permanece el sufrimiento, entonces debemos andar por "el camino real" de la Cruz. Como mencioné antes, la respuesta de Cristo a nuestra pregunta del "¿por qué?" es sobre todo una llamada, una vocación. Cristo no nos ofrece una respuesta abstracta, sino que dice, "¡Sígueme!" Nos ofrece la oportunidad de tomar parte en su propio trabajo de salvar al mundo a través del sufrimiento. Y cuando aceptamos nuestra cruz, el significado salvador del sufrimiento se nos revela gradualmente. Entonces, en ese sufrimiento nuestro encontramos la paz interior y aun la alegría espiritual.

HOMILÍA EN LA MISA EN EL COLISEO DE LOS ÁNGELES,
15 de septiembre de 1987

Vivimos en este mundo con la perspectiva inevitable de la muerte, desde el momento de la concepción y del nacimiento. Pero debemos mirar más allá del aspecto material de nuestra existencia en la tierra. Ciertamente, la muerte del cuerpo es un paso necesario para todos nosotros; pero también es verdad que lo que ha sido hecho a imagen y semejanza de Dios desde el comienzo no puede transformarse completamente en la materia corruptible del universo. Esta es una verdad y una actitud fundamental de nuestra fe cristiana.

HOMILÍA EN SAN ANTONIO, TEXAS, 13 de septiembre de 1987

La muerte no es sólo una necesidad "natural". La muerte es un misterio. Entramos ahora en ese tiempo especial en que la Iglesia entera, más que nunca, desea meditar sobre la muerte como el misterio del hombre en Cristo. Cristo, el hijo de Dios, aceptó la muerte como una necesidad natural, como una parte inevitable del destino del hombre en la tierra. Jesucristo aceptó la muerte como consecuencia del pecado. Desde el principio, la muerte se unió con el pecado: la muerte del cuerpo ("al polvo volveréis") y la muerte del espíritu humano debido a la desobediencia a Dios, al Espíritu Santo. Jesucristo aceptó la muerte como una señal de obediencia a Dios para restaurar en el espíritu humano el don pleno del Espíritu Santo. Jesucristo aceptó la muerte para vencer al pecado. Jesucristo aceptó la muerte para vencer la muerte en la misma esencia de su perenne misterio.

DISCURSO DEL MIÉRCOLES DE CENIZA, marzo de 1979

El dolor y la tristeza no se aguantan en soledad o en vano. Aunque sigue siendo difícil comprender el sufrimiento, Jesús aclaró que su valor está vinculado a su propio sufrimiento y muerte, a su propio sacrificio. O sea, con vuestro sufrimiento, ayudáis a Jesús en su tarea de salvación. Vuestra llamada al sufrimiento requiere una fe y una paciencia fuertes. Sí, significa que estáis llamados a amar con una intensidad especial. Pero recordad que nuestra bendita Madre María está cerca de vosotros, como estuvo cerca de Jesús al pie de la Cruz. Y nunca os dejará en soledad.

DISCURSO EN DUBLÍN, 29 de septiembre de 1979

El sufrimiento terrenal, cuando se acepta con amor, es como una fruta amarga que encierra la semilla de la vida nueva, el tesoro de la gloria divina que sería concedida al hombre en la eternidad.

DISCURSO DURANTE LA AUDIENCIA GENERAL,
27 de abril de 1994

Especialmente los que se hallan oprimidos por sufrimientos morales, que pudieran parecer absurdos, encuentran en los sufrimientos morales de Jesús el sentido de sus pruebas, y entran con Él en Getsemaní. En Él encuentran la fuerza para aceptar el dolor con santo abandono y confiada obediencia a la voluntad del Padre. Y sienten que brota en su corazón la oración de Getsemaní: "No sea lo que yo quiero, sino lo que quieres Tú" (Mc 14, 36). Se identifican místicamente con el deseo de Jesús en el momento de su detención: "La copa que me ha dado el Padre, ¿no la voy a beber?" (Jn 18, 11). En Cristo encuentran también el valor para ofrecer su dolor por la salvación de todos los hombres, pues ven en la ofrenda del Calvario la fecundidad misteriosa de todo sacrificio, según el principio enunciado por Jesús. "En verdad, en verdad os digo, si el grano de trigo no cae en la tierra y muere, queda él solo; pero si muere, da mucho fruto" (Jn 12, 24).

DISCURSO DURANTE UNA AUDIENCIA GENERAL,
27 de abril de 1994

El hombre que, de acuerdo con las leyes de la naturaleza, está "condenado a la muerte", el hombre que vive con la perspectiva de la aniquilación de su cuerpo, existe al mismo tiempo en la perspectiva de su vida futura, y está llamado a la alegría.

La solemnidad del día de todos los santos pone ante nuestros ojos de fe de todos los que ya han alcanzado la plenitud de su llamada a la unión con Dios. El día que conmemoramos los muertos dirige nuestros pensamientos hacia los que, habiendo dejado este mundo, están esperando alcanzar en expiación esa plenitud de amor que requiere la unión con Dios.

DISCURSO EN EL VATICANO, 1 de noviembre de 1978

El Papa desea prestar atención especial a los enfermos, para mandarles un saludo afectuoso y una palabra de consuelo y aliento. Vosotros, queridos enfermos, tenéis un lugar importante en la Iglesia si podéis interpretar vuestra difícil situación a la luz de la fe y si, en esa luz, podéis vivir vuestra enfermedad con un corazón generoso y fuerte. Cada uno de vosotros luego puede afirmar con San Pablo: "Suplo en mi carne lo que falta a las tribulaciones de Cristo por su cuerpo, que es la Iglesia" (Col 1, 24).

DISCURSO EN EL VATICANO, 19 de noviembre de 1978

Morimos en el cuerpo cuando todas las energías de la vida se apagan. Morimos por el pecado cuando el amor muere en nosotros. Fuera del amor, no hay vida. Si el hombre se opone al amor y vive sin amor, la muerte se arraiga en su alma y crece. Por esa razón, Cristo grita: "Os doy un mandamiento nuevo: que os améis unos a otros. Como yo os amé, que así también os améis mutuamente" (Jn 13:34). El grito del amor es el grito de la vida, del triunfo del alma sobre el pecado y la muerte. La fuente de ese triunfo es la Cruz de Jesucristo: su muerte y su resurrección.

HOMILÍA EN SAN ANTONIO, TEXAS, 13 de septiembre de 1987

Hermanos en Cristo, que conocéis toda la aspereza del camino de la cruz, no os sintáis solos. Con vosotros está la Iglesia, sacramento de salvación, para sosteneros en vuestro difícil camino. Ella recibe mucho de vuestro sufrimiento sobrellevado con la fe; está cerca de vosotros con el consuelo de la solidaridad operosa de su miembros, a fin de que no perdáis nunca la esperanza. No olvidéis la invitación de Jesús: "Venid a mí todos los que estáis fatigados y sobrecargados, y yo os daré descanso" (Mt 11, 28).

DISCURSO EN LA CONFERENCIA SOBRE EL SIDA
EN EL VATICANO, 30 de noviembre de 1989

LA IGLESIA UNIVERSAL

La Iglesia es universal porque ofrece algo a todos los pueblos y recibe a todas las naciones y culturas en sus instituciones. La revelación de Dios en Jesucristo no tiene fronteras. Cristo vino a salvar a toda la humanidad.

En otro sentido, la Iglesia Católica es universal por lo que abarca. Su entidad oficial más alta incluye representantes de casi todas las naciones y razas. Sus iglesias se extienden por el mundo, desde pueblos pequeños en las más remotas partes de África a las ciudades más grandes del mundo occidental. Su visión es universal porque sus verdades son universales. La historia de la Iglesia ha tocado y seguirá tocando las historias y culturas del mundo entero.

Estas son algunas de las razones por las que las iglesias no pueden considerarse individualmente —cada una forma parte del ente universal. El Papa Juan Pablo II cree que la iglesia que se separa de sus raíces universales es incompleta. Como miembros de un mismo cuerpo, cada iglesia contribuye al crecimiento de la Iglesia universal a través del desarrollo de sus dones particulares. La Iglesia universal contribuye al enriquecimiento de las iglesias individuales a través de su experiencia colectiva.

LA IGLESIA UNIVERSAL

La contribución específica de la Iglesia —de sus miembros y de sus comunidades individuales— a la causa de un nuevo humanismo, de una verdadera cultura humana, es la verdad total de Cristo sobre la humanidad: el significado de la humanidad, sus orígenes, su destino, y, por tanto, su dignidad incomparable.

MENSAJE DE PASCUA DESDE EL VATICANO

A LOS OBISPOS DE LOS ESTADOS UNIDOS,

3 de abril de 1983

Las autoridades civiles de la República Popular de China no deben preocuparse. Un discípulo de Cristo puede vivir su fe en cualquier ordenamiento político, siempre que se respete su derecho a actuar según los dictámenes de su conciencia y de su fe. Por eso, repito a sus gobernantes, como tantas veces he dicho a otros, que no tengan miedo ni a Dios ni a su Iglesia. Al contrario, les pido con deferencia que, en el respeto a una libertad auténtica que es derecho natural de todo hombre y de toda mujer, también a los creyentes en Cristo se les permita cada vez más contribuir con sus energías y sus talentos al desarrollo de su país. La nación china tiene un papel importante que desempeñar en el seno de la comunidad de las naciones. Los católicos podrán dar una aportación notable a ese fin, y la darán con entusiasmo y esmero.

MENSAJE PARA LA IGLESIA EN LA CHINA,

3 de diciembre de 1996

Jesucristo ha enseñado que el hombre no sólo recibe y experimenta la misericordia de Dios, sino que está llamado a "usar misericordia" con los demás: "Bienaventurados los misericordiosos, porque ellos alcanzarán misericordia". La Iglesia ve en estas palabras una llamada a la acción y se esfuerza por practicar la misericordia. Si todas las bienaventuranzas del sermón de la montaña indican el camino de la conversión y del cambio de vida, la que se refiere a los misericordiosos es a este respecto particularmente elocuente. El hombre alcanza el amor misericordioso de Dios, su misericordia, en cuanto él mismo interiormente se transforma en el espíritu de tal amor hacia el prójimo.

CARTA ENCÍCLICA SOBRE LA MISERICORDIA DIVINA

(Dives in misericordia), 1980

La Iglesia, siguiendo a Cristo, busca la verdad que no siempre coincide con la opinión de la mayoría. Escucha a la conciencia y no al poder, con lo cual defiende a los pobres y despreciados.

EXHORTACIÓN APOSTÓLICA SOBRE LA FAMILIA
(Familiaris consortio), 1981

Permaneciendo fiel a su doctrina y disciplina, la Iglesia estima y honra todas las culturas; las respeta en todos sus esfuerzos evangélicos entre los pueblos diversos. En el primer Pentecostés, las personas presentes escucharon a los apóstoles hablar en sus propios idiomas (Actos 2, 4ff). Con la dirección del Espíritu Santo, tratamos en todas las épocas de llevar el Evangelio de forma convincente y comprensible a gentes de todas las razas, lenguas y culturas. Es importante comprender que no hay una Iglesia negra, ni una Iglesia blanca, ni una Iglesia americana; pero hay y debe haber, en la Iglesia única de Jesucristo, un lugar para los negros, los blancos, los americanos, para toda cultura y raza.

DISCURSO EN NUEVA ORLEANS.
Reunión con los líderes católicos negros,
12 de septiembre de 1987

La Iglesia vive una vida auténtica, cuando profesa y proclama la misericordia —el atributo más estupendo del Creador y del Redentor— y cuando acerca a los hombres a las fuentes de la misericordia del Salvador, de las que es depositaria y dispensadora.

CARTA ENCÍCLICA SOBRE LA MISERICORDIA DIVINA
(Dives in misericordia), 1980

La Iglesia católica no está limitada a un territorio particular y no tiene fronteras geográficas; sus miembros son hombres y mujeres de todas las regiones del mundo. Sabe, por muchos siglos de experiencia, que la supresión, la violación o la restricción de la libertad religiosa han causado sufrimiento, amargura, miseria moral y material, y que aún hoy hay millones de personas que sufren estos males. Al contrario, el reconocimiento, la garantía y el respeto de la libertad religiosa traen la serenidad a los individuos y la paz a la comunidad social; también representan un factor importante en el fortalecimiento de la coherencia moral de la nación, en el mejoramiento del bienestar común y en el enriquecimiento de la cooperación entre las naciones en una atmósfera de confianza mutua.

LA LIBERTAD DE LA CONCIENCIA Y DE LAS RELIGIONES,
1 de septiembre de 1980

Resistid la tentación de todo lo que pueda debilitar la comunión en la Iglesia como un sacramento de unidad y salvación —ya venga de los que transforman la fe en una ideología, o de los que pretenden construir una "Iglesia popular" que no es la de Cristo, o de los que promueven la penetración de sectas religiosas que no tienen mucho que ver con el contenido de la fe.

MENSAJE EN SANTO DOMINGO
(República Dominicana), 12 de octubre de 1984

Este es el único motivo que la Iglesia —y con ella el Papa en este momento— tiene ante sus ojos y en su corazón: que cada ser humano pueda conocer a Cristo para que Cristo pueda caminar con cada uno por los caminos de la vida.

DISCURSO EN RÍO DE JANEIRO, 10 de julio de 1980

El momento actual señala un jalón importante en la historia de la Iglesia universal y, en particular, de la Iglesia que está en Irlanda. Muchas cosas han cambiado. Se ha penetrado más y de modo nuevo en lo que significa ser cristiano. En consecuencia, el fiel ha de afrontar muchos problemas nuevos, sea por haber aumentado los movimientos de cambio en la sociedad, o también por la exigencia nueva planteada al Pueblo de Dios, la exigencia de vivir hasta la plenitud la misión de la evangelización.

HOMILÍA EN EL SANTUARIO DE NUESTRA SEÑORA DE KNOCK,
1 de octubre de 1979

Al ser universal por su misma naturaleza, está al servicio de todos y no se identifica nunca con una comunidad nacional particular. Acoge en su seno a todas las naciones, todas las razas y todas las culturas. Se acuerda, más aún, sabe que es depositaria del proyecto de Dios para la humanidad: congregar a todos los hombres en una familia única. Esto es así, porque Él es el Creador y Padre de todos. Por eso, cada vez que el cristianismo, sea en su tradición occidental, sea en la oriental, se tranforma en instrumento de un nacionalismo, recibe una herida en su mismo corazón y se vuelve estéril.

LOS RIESGOS DEL NACIONALISMO.
DISCURSO AL CUERPO DIPLOMÁTICO, 15 de enero de 1994

La Iglesia ilumina las realidades temporales; las purifica, las eleva y las reconcilia con Dios. Por una parte, lo hace mediante la presencia y la acción de sus miembros en el mundo de las actividades y los esfuerzos humanos. Un sinfín de obras y de instituciones, grandes y pequeñas, en todos los rincones de la tierra, testimonian el esfuerzo inagotable y la generosidad de la comunidad eclesial para servir al bien de la familia humana y salir al paso de las necesidades de millones de hermanos y hermanas nuestros. Este ilimitado testimonio de fe y de amor por parte de algunos miembros de la Iglesia, y de algunos grupos y comunidades, manifiesta al mundo el verdadero rostro de la Iglesia. Así se cumple la apremiante invitación de Jesús: "Brille así vuestra luz delante de los hombres, para que vean vuestras buenas obras y glorifiquen a vuestro Padre que está en los cielos" (Mt 5, 16).

DISCURSO *AD LIMINA:*
REFLEXIONES SOBRE LA NUEVA ENCÍCLICA, 15 de octubre de 1993

La cercanía del final del segundo milenio anima a todos a un examen de conciencia y a las oportunas iniciativas ecuménicas, de modo que ante el Gran Jubileo nos podamos presentar, si no del todo unidos, al menos mucho más próximos a superar las divisiones del segundo milenio.

CARTA APOSTÓLICA PARA EL JUBILEO DEL AÑO 2000
(Tertio millennio adveniente)

¡Cuántos testimonios de fe, cuántos mensajes de fidelidad he recibido de las comunidades esparcidas en China! Obispos, sacerdotes, religiosas y laicos han querido reafirmar su comunión inquebrantable y plena con Pedro y con el resto de la Iglesia. Como Pastor de la Iglesia universal, mi corazón se alegra en gran medida. Os invito encarecidamente a todos a buscar caminos a la comunión y reconciliación, caminos que encuentren su luz e inspiración en la Verdad misma: Jesucristo.

MENSAJE TRANSMITIDO A LOS CATÓLICOS DE CHINA,
14 de enero de 1995

El Concilio Vaticano II se refiere a la Iglesia como misterio —un misterio de comunión. Esto significa que la Iglesia es más que una comunidad o tradición con creencias y prácticas compartidas, más que una organización con influencia moral. Usando las imágenes de la Sagrada Escritura, el Concilio habla también de la Iglesia como un redil, un campo cultivado y un edificio. La Iglesia es el Cuerpo de Cristo, su Esposa y nuestra Madre. Creemos que nuestra comunión con Cristo y entre nosotros surge por la efusión del Espíritu Santo. Creemos también que el Espíritu Santo lo hace fructífero.

DISCURSO EN DETROIT, 18 de septiembre de 1987

La dimensión universal, así como la particular, constituyen dos fuentes esenciales en la vida de la Iglesia: la comunión y la diversidad, la tradición y los nuevos tiempos, las antiguas tierras cristianas y los nuevos pueblos que alcanzan la fe. La Iglesia ha sabido ser una y al mismo tiempo pluriforme. Aceptando la unidad como primer principio (cf Jn 17, 21 s), ha sido pluriforme en cada una de las partes del mundo. Esto es válido particularmente para la Iglesia Occidental y para la Oriental antes del progresivo alejamiento recíproco.

CARTA APOSTÓLICA SOBRE EL MILENIO DEL BAUTISMO DE
KIEVAN RUSS (Euntes in mundum), 1989

La "nueva evangelización", de la que el mundo moderno tiene urgente necesidad y sobre la cual he insistido en más de una ocasión, debe incluir entre sus elementos esenciales el anuncio de la doctrina social de la Iglesia, que, como en tiempos de León XIII, sigue siendo idónea para indicar el recto camino a la hora de dar respuesta a los grandes desafíos de la edad contemporánea, mientras cree el descrédito de las ideologías. Como entonces, hay que repetir que no existe verdadera solución para la "cuestión social" fuera del Evangelio y que, por otra parte, las "cosas nuevas" pueden hallar en él su propio espacio de verdad y el debido planteamiento moral.

CARTA ENCÍCLICA EN EL CENTENARIO DE RERUM NOVARUM
(Centesimus annus), 1991

El don más precioso que la Iglesia puede ofrecer al mundo de hoy, desorientado e inquieto, es el hecho de formar unos cristianos firmes en lo esencial y humildemente felices en su fe. La catequesis les enseñará esto y desde el principio sacará su provecho: "El hombre que quiere comprenderse a sí mismo hasta el fondo —no solamente según criterios y medidas del propio ser inmediatos, parciales, a veces superficiales e incluso aparentes— debe, con su inquietud, incertidumbre e incluso con su debilidad y sus pecados, con su vida y con su muerte acercarse a Cristo. Debe, por decirlo así, entrar en Él con todo su ser, debe "apropiarse" y asimilar toda la realidad de la Encarnación y de la Redención para encontrarse a sí mismo".

EXHORTACIÓN APOSTÓLICA SOBRE LA CATEQUESIS
EN NUESTRO TIEMPO *(Catechesi tradendae)*, 1979

Finalmente, mis queridos amigos, pienso sobre vuestra inserción en la Iglesia universal. Es un misterio grande y hermoso. El árbol de la Iglesia, plantado por Jesús en la Tierra Santa, no ha dejado de desarrollarse. Todos los países del imperio romano fueron injertados en él. Mi propia tierra polaca pasó por su hora de evangelización y la Iglesia de Polonia ha sido injertada en el árbol de la Iglesia para que produzca frutos nuevos. Y ahora vuestra comunidad de creyentes congoleños ha sido injertada en el árbol de la Iglesia.

HOMILÍA EN EL CONGO, 5 de mayo de 1980

La Iglesia, cuando anuncia al hombre la salvación de Dios, cuando le ofrece y comunica la vida divina mediante los sacramentos, cuando orienta su vida a través de los mandamientos del amor a Dios y al prójimo, contribuye al enriquecimiento de la dignidad del hombre. Pero la Iglesia, así como no puede abandonar nunca esta misión religiosa y trascendente en favor del hombre, del mismo modo se da cuenta de que su obra encuentra hoy particulares dificultades y obstáculos. He aquí por qué se compromete siempre con renovadas fuerzas y con nuevos métodos en la evangelización que promueve al hombre integral. En vísperas del tercer milenio sigue siendo "signo y salvaguardia del carácter trascendente del ser humano", como ha tratado de hacer siempre desde el comienzo de su existencia, caminando junto al hombre a lo largo de toda la historia.

CARTA ENCÍCLICA EN EL CENTENARIO DE RERUM NOVARUM
(Centesimus annus), 1991

Juan Pablo cree que la mujer tiene una dignidad y responsabilidad que es en todo igual al hombre, y que no admitirla en cualquier papel público va en contra de la posición que le corresponde a la mujer en el mundo. Al mismo tiempo, se debe reconocer claramente el valor del papel de la mujer como esposa y madre. Esto no contradice en lo más mínimo su convicción sobre la igualdad del hombre y la mujer en los lugares de trabajo. Tanto el hombre como la mujer deben tener cuidado de no dejar que el trabajo les lleve a abandonar a la familia. Juan Pablo también cree que la sociedad se debe estructurar de nuevo para que las mujeres no tengan que elegir entre el trabajo y la familia —o sea, el lugar legítimo de la mujer en el trabajo no se debe conseguir a costa de la familia.

Las diferencias que el Santo Padre reconoce entre el hombre y la mujer no implican la aprobación de la dominación del hombre. De hecho, cualquier dominación de un ser humano sobre otro no es un estado natural, de ninguna manera, sino una consecuencia del pecado original. La discriminación contra la mujer, como otros tipos de discriminación, tiene su origen en la inhabilidad de entender y reconocer que todos los seres humanos son hijos de Dios.

Por más firme que sea su creencia en la igualdad de los sexos, el Papa sigue siendo tradicional. Piensa que la elección de permanecer virgen o de ser madre es igualmente valiosa, que la mujer no puede ser ordenada al sacerdocio y que la Virgen María es el modelo de la maternidad y de la mujer.

LA MUJER

Debe estar claro que la Iglesia se opone firmemente a toda forma de discriminación que de cualquier manera comprometa la dignidad tanto de los hombres como de las mujeres. La total igualdad de las personas está acompañada, sin embargo, por una complementariedad maravillosa. Esta complementariedad se refiere no sólo a los papeles de hombres y mujeres, sino también, y más profundamente, a su carácter y su sentido como personas.

LOS PAPELES DE LA MUJER DISCUTIDOS CON LOS MIEMBROS DE LA ORDEN DE LA MADRE MARY MACKILLOP EN AUSTRALIA, 19 de enero de 1995

Considerando los derechos específicos de la mujer como mujer, es necesario volver una y otra vez a las bases inmutables de la antropología cristiana como se prefigura en el relato bíblico de la creación del hombre —como macho y hembra— a imagen y semejanza de Dios. Ambos, hombre y mujer, son creados a imagen de la entera persona de Dios, con dignidad personal inalienable y en complementariedad uno con el otro. Todo lo que viole la complementariedad de los hombres y mujeres, lo que impida la verdadera comunión de personas de acuerdo a la complementariedad de los sexos, ofende tanto a la dignidad del hombre como a la de la mujer.

DISCURSO A LOS OBISPOS DE LOS ESTADOS UNIDOS, 2 de septiembre de 1988

El trabajo es algo que es conocido universalmente, pues se vive en todas partes. Para mujeres es familiar, a veces sin el reconocimiento que se les debe por parte de la sociedad, y aun de sus propias familias, porque asumen la carga y responsabilidad diaria de sus hogares y de la educación de sus hijos.

CARTA ENCÍCLICA SOBRE EL TRABAJO HUMANO *(Laborem exercens)*, 1981

Como he afirmado, y como el arzobispo Weakland ha señalado, las mujeres no son llamadas al sacerdocio. Aunque la enseñanza de la Iglesia en este asunto es bastante clara, no altera de ninguna manera el que las mujeres sean una parte esencial del plan del

Evangelio para diseminar la Buena Nueva del reino de Dios. Y la Iglesia está comprometida irrevocablemente a esta verdad.

DISCURSO A LOS OBISPOS DE LOS ÁNGELES, septiembre de 1987

Estoy convencido de que una antropología equivocada es la raíz de la falta de comprensión por parte de la sociedad sobre la enseñanza del papel auténtico de la mujer. Ese papel no se disminuye en lo más mínimo, pero, en cambio, es mejorado por su relación especial a la maternidad —la fuente de vida nueva— tanto física como espiritual.

LOS PAPELES DE LA MUJER DISCUTIDOS CON LOS MIEMBROS DE LA ORDEN DE LA MADRE MARY MACKILLOP EN AUSTRALIA, 19 de enero de 1995

Tristemente hay que reconocer que muchas veces los medios de comunicación explotan a la mujer en vez de enaltecerla. Son muchas las veces en que se la trata no como persona, con una dignidad inviolable, sino como objeto cuya finalidad es la satisfacción de los apetitos de placer o de poder de otros. ¡Cuántas veces se minimiza, e incluso se ridiculiza, el papel de la mujer como esposa y madre! ¡Cuántas veces el papel de la mujer en el mundo de los negocios o de la vida profesional se presenta como una caricatura masculina, una negación de los dones específicos de la perspectiva femenina, compasión y comprensión, que tanto contribuye a la "civilización del amor"!

MENSAJE PARA LA JORNADA MUNDIAL PARA LAS COMUNICACIONES SOCIALES, 24 de enero de 1996

Las mujeres mismas pueden hacer mucho para promover una mejor aproximación de la mujer a los medios de comunicación: promover programas educativos a través de estos medios, enseñar a los demás, especialmente a las familias, a constituirse en usuarios capaces de discernir en el mercado de los mismos medios, dar a conocer sus puntos de vista a las compañías de producción, a los periodistas, a las redes de transmisión y a los anunciantes en referencia a programas y publicaciones que ofendan la dignidad de la mujer o rebajen su papel en la sociedad. Es más, las mujeres pueden y deben prepararse a sí mismas para asumir posiciones de responsabilidad y creatividad en los medios de comunicación social, no en concurrencia o imitando los papeles masculinos, sino imprimiéndoles su propio caracter, en el trabajo y en su actividad profesional.

Es desalentador notar que, en el mundo actual, el simple hecho de ser mujer y no varón, puede reducir las probabilidades de nacer o de sobrevivir en la infancia; puede significar recibir una alimentación y una asistencia sanitaria menos adecuadas y puede aumentar las posibilidades de ser analfabetas o tener sólo un acceso limitado, o ni siquiera tener acceso, a la educación primaria...Exhorto a todos los hombres en la Iglesia a realizar, donde sea necesario, un cambio de corazón y a tener, como exigencia de su fe, una visión positiva de la mujer.

La mujer es explotada y reducida solamente a algunas de sus funciones puramente biológicas (la procreación) y la investigación contempla la posibilidad de generar matrices artificiales, el último paso en la fabricación del ser humano en el laboratorio.

Es una triste reflexión sobre la condición humana que aún hoy, a finales del siglo XX, es necesario afirmar que toda mujer es igual en dignidad al hombre y miembro con pleno derecho de la familia humana, dentro de la cual tiene un lugar distintivo y una vocación complementaria pero de ninguna forma menos valiosa que la del hombre. En muchas partes del mundo queda todavía mucho que hacer para satisfacer las necesidades educativas y de salud de niñas y mujeres jóvenes para que puedan realizar toda su capacidad en la sociedad.

Jesús siempre mostró la estima más alta y el respeto más grande hacia la mujer, cada mujer, y fue especialmente sensible al sufrimiento de la mujer. Yendo más allá de las barreras sociales y religiosas de su época, Jesús restableció la dignidad de la mujer como ser humano ante Dios y ante los hombres.

PENSAMIENTOS SOBRE LA MUJER: DISCURSO A SIRVIENTAS
ITALIANAS, 29 de abril de 1979

Cuando las mujeres tienen la posibilidad de transmitir plenamente sus dones a toda la comunidad, cambia positivamente el modo mismo de comprenderse y organizarse la sociedad, llegando a reflejar mejor la unidad sustancial de la familia humana. Esta es la premisa más valiosa para la consolidación de una paz auténtica. Supone, por tanto, un progreso beneficioso la creciente presencia de las mujeres en la vida social, económica y política a nivel local, nacional e internacional.

LA MUJER: EDUCADORA DE LA PAZ, 1 de enero de 1995

Para educar sobre la paz, la mujer debe cultivarla ante todo en sí misma. La paz interior viene del saberse amado por Dios y de la voluntad de corresponder a su amor. La historia es rica en admirables ejemplos de mujeres que, conscientes de ello, han sabido afrontar con éxito difíciles situaciones de explotación, de discriminación, de violencia y de guerra.

LA MUJER: EDUCADORA DE LA PAZ, 1 de enero de 1995

Muchas mujeres, debido especialmente a condicionamientos sociales y culturales, no alcanzan una plena conciencia de su dignidad. Otras son víctimas de una mentalidad materialista y hedonista que las considera un puro instrumento de placer y no duda en organizar su explotación a través de un infame comercio, incluso a una edad muy temprana. A ellas se ha de prestar una atención especial sobre todo por parte de aquellas mujeres que, por educación y sensibilidad, son capaces de ayudarlas a descubrir la propia riqueza interior. Que las mujeres ayuden a las mujeres, sirviéndose de la valiosa y eficaz aportación que asociaciones, movimientos y grupos, muchos de ellos de inspiración religiosa, han sabido ofrecer hacia este fin.

LA MUJER: EDUCADORA DE LA PAZ, 1 de enero de 1995

La sociedad no debe permitir que el papel materno de la mujer sea desvalorizado o rebajado en comparación con otras posibilidades. Se debe dar más consideración al papel social de las madres, y se debe apoyar los programas que tratan de reducir la mortalidad materna, dando asistencia prenatal y perinatal, satisfaciendo las necesidades nutritivas de mujeres embarazadas y lactantes, y ayudándolas a obtener seguro médico preventivo para sus bebés. En este respecto, se debe prestar atención a los beneficios positivos del amamantar para la nutrición y la prevención de enfermedades en los bebés así como también para el vínculo materno y el espacio entre nacimientos.

CRÍTICA DEL DOCUMENTO DE LA CONFERENCIA SOBRE LA
POBLACIÓN EN EL CAIRO, 3 de marzo de 1994

El deseo legítimo de contribuir con sus habilidades al bien común y al contexto social y económico hace que las mujeres tomen parte con frecuencia en actividades profesionales. Sin embargo, es necesario evitar el riesgo que sufre la familia y la humanidad y que los empobrecen, porque la mujer nunca se puede reemplazar en el alumbramiento y la educación de los hijos. Las autoridades deben, pues, proveer para la promoción profesional de la mujer, pero protegiendo al mismo tiempo su vocación como madre y educadora con legislación apropiada.

DISCURSO EN EL VATICANO, 24 de abril de 1994

La maternidad es la vocación de la mujer. Es una vocación eterna, y es también una vocación contemporánea. "La madre que comprende todo y que abraza a cada uno de nosotros con su corazón": así dice una canción, cantada por los jóvenes en Polonia, tal como recuerdo en este momento. La canción anuncia luego que el mundo de hoy está particularmente "hambriento y sediento" de esa maternidad que es la vocación de la mujer "físicamente" y "espiritualmente", como lo es de María.

Se debe hacer todo lo que se pueda para que la dignidad de esta vocación espléndida no se rompa en la vida interior de las nuevas generaciones; para que la autoridad de la mujer-madre no sea disminuida en la familia, en la vida social y política y en la civilización entera; en toda nuestra legislación contemporánea, en la organización del trabajo, en las publicaciones, en la cultura diaria, en la educación y en el estudio: en todos los ámbitos de la vida.

DISCURSO EN EL VATICANO, 10 de enero de 1979

Sin embargo, esta tarea de transmisión de la fe por parte de la mujer no está destinada a realizarse sólo en el ámbito de la familia, sino —como se lee en la *Christifideles laici*— "también en los más diversos lugares educativos y, en términos más amplios, en todo aquello que se refiere a la recepción de la palabra de Dios, su comprensión y su comunicación, también mediante el estudio, la investigación y la docencia teológica". Se trata de alusiones al papel que la mujer desempeña en el campo de la catequesis, que ha ganado hoy espacios amplios y diversos, algunos de los cuales eran impensables en tiempos pasados.

DISCURSO EN EL VATICANO, 13 de julio de 1994

La presencia y el papel de la mujer en la vida y en la misión de la Iglesia, si bien no están ligados al sacerdocio ministerial, son, no obstante, totalmente necesarios e insustituibles. Como ha sido puesto de relieve en la misma declaración *Inter insigniores,* "la Santa Madre Iglesia hace votos para que las mujeres cristianas tomen plena conciencia de la grandeza de su misión: su papel es capital hoy en día, tanto para la renovación y humanización de la sociedad, como para descubrir de nuevo, por parte de los creyentes, el verdadero rostro de la Iglesia".

CARTA APOSTÓLICA SOBRE LA ORDENACIÓN SACERDOTAL
RESERVADA SÓLO A LOS HOMBRES *(Ordinatio sacerdotalis),*
26 de mayo de 1994

Si se debe reconocer también a las mujeres, como a los hombres, el derecho de acceder a las diversas funciones públicas, la sociedad debe sin embargo estructurarse de manera tal que las esposas y madres *no sean de hecho obligadas* a trabajar fuera de la casa y que sus familias puedan vivir y prosperar dignamente, aunque ellas se dediquen totalmente a la propia familia.

Se debe superar además la mentalidad según la cual el honor de la mujer deriva más del trabajo exterior que de la actividad familiar. Pero esto exige que los hombres estimen y amen verdaderamente a la mujer con todo el respeto de su dignidad personal y que la sociedad cree y desarrolle las condiciones adecuadas para el trabajo doméstico.

EXHORTACIÓN APOSTÓLICA SOBRE LA FAMILIA
(Familiaris consortio), 1981

EL TRABAJO

"El trabajo es para el hombre; no el hombre para el trabajo". Este principio guía la forma de pensar del Papa Juan Pablo sobre el lugar del trabajo en la vida humana. El trabajo es una forma única por la que los hombres y mujeres colaboran con Dios y participan en el trabajo transformador de Dios. El trabajo que hacemos nos pone en un papel especial como co-creadores con Dios de este mundo redimido pero no acabado; pero el desarrollo del mundo por el trabajo humano es menos importante que el desarrollo y la santificación de la persona al hacerlo. Trabajamos juntos en una comunidad guiados por la palabra de Dios y animados por el amor de Dios. Así, el trabajo se transforma en una actividad divina, sagrada, santa, una fuerza unificadora y transformadora.

Hay, sin embargo, un peligro: que el trabajo se pervierta. Un trabajo forzado no tiene dignidad, y la imposición del trabajo en otros en contra de su voluntad es pecaminoso; el trabajo inútil se puede usar como castigo; se puede hacer una máquina de la persona y llevarla al agotamiento; también negarle su dignidad humana por el trabajo que hace. Para que el trabajo sea sagrado, se debe emprender con una voluntad libre y con total conocimiento de su significado. Juan Pablo insiste en que no distingamos entre trabajos más o menos valiosos. En esto el Señor mismo es el ejemplo: "El mayor entre ustedes servirá a los otros".

Que todo trabajo sea sagrado tiene consecuencias prácticas para Juan Pablo. El Santo Padre insiste en que los trabajadores sean recompensados suficientemente para poder proveer para sí mismos y para sus familias, y apoya el sueldo mínimo, el seguro médico y las pensiones como partes esenciales de la remuneración por cualquier trabajo hecho honestamente y digno de ser trabajo humano.

El trabajo

Creado el hombre a la imagen de Dios, recibió el mandato de gobernar el mundo en justicia y santidad, sometiendo a su voluntad la tierra y cuanto en ella hubiere y de orientar hacia Dios la propia persona y el universo entero, reconociendo a Dios como Creador de todo, de modo que, con el sometimiento de todas las cosas al hombre, sea admirable el nombre de Dios en el mundo.

CARTA ENCÍCLICA SOBRE EL TRABAJO HUMANO
(*Laborem exercens*), 1981

Se debe ante todo recordar un principio enseñado siempre por la Iglesia. Es el principio de la prioridad del "trabajo" frente al "capital".

CARTA ENCÍCLICA SOBRE EL TRABAJO HUMANO
(*Laborem exercens*), 1981

A ustedes, inmigrantes que no se encuentran bienvenidos en sus tierras adoptivas, les mandamos palabras de aliento. La Iglesia ha acompañado a generaciones de inmigrantes en su marcha hacia una vida mejor, y no va a parar de acompañarlos con todo tipo de servicio. A los trabajadores de temporada que trabajan bajo el sol para sostener a sus familias, nos unimos ustedes en solidaridad en su búsqueda de condiciones justas de trabajo.

ENCUENTRO CON JESÚS: LAS CONVERSIONES, LA COMUNIÓN
Y LA SOLIDARIDAD. MENSAJE DE LA ASAMBLEA ESPECIAL
PARA AMÉRICA DEL SÍNODO DE OBISPOS, 9 de diciembre de 1997

Las autoridades públicas tienen el deber de actuar para asegurar que estos derechos sean respetados y realizados, siguiendo tres planes básicos de acción:

a. Promover las condiciones que aseguren el derecho al trabajo
b. Garantizar el derecho a la remuneración justa para el trabajo

c. Proteger y promover los derechos de los trabajadores al formar asociaciones que los protejan sus derechos; el derecho de asociación es una condición necesaria para conseguir un balance en el poder de negociación entre el trabajador y el patrón, y en consiguiente garantizar el desarrollo de una dialéctica correcta entre los grupos sociales.

HACIA UNA DISTRIBUCIÓN MEJOR DE LA TIERRA. DOCUMENTO DEL CONCILIO PONTIFICIO PARA LA JUSTICIA Y LA PAZ HACIA LA REFORMA AGRARIA, 23 de noviembre de 1997

La Iglesia les recuerda a todos los que tratan de afirmar la predominancia de la tecnología, de modo que se reduzca al hombre a un "producto" o a un medio de producción, que "el hombre es el sujeto del trabajo", ya que en el plan divino "el trabajo es 'para el hombre' y no el hombre 'para el trabajo'". De la misma razón, la Iglesia también opone las exigencias del capitalismo, proclamando "el principio de la prioridad del trabajo sobre el capital", ya que la trabajo humana "siempre es una causa primaria eficiente, mientras que el capital, toda la colección de los medios de producción, se transforma sólo en un instrumento o una causa instrumental" del proceso de producción.

CATEQUESIS DE LA DIGNIDAD DEL TRABAJO HUMANO, 19 de marzo de 1997

En la doctrina social de la Iglesia ocupa un lugar importante el derecho a un trabajo digno. Por esto, ante las altas tasas de desempleo que afectan a muchos países americanos y ante las duras condiciones en que se encuentran no pocos trabajadores en la industria y en el campo, "es necesario valorar el trabajo como dimensión de realización y de dignidad del ser humano. Es una responsabilidad ética de una sociedad organizada promover y apoyar una cultura del trabajo".

ECCLESIA EN AMÉRICA. EXHORTACIÓN APOSTÓLICA POSTSINODAL, 22 de enero de 1999

Tanto la primera industrialización, que creó la llamada cuestión obrera, como los sucesivos cambios industriales y postindustriales, demuestran de manera elocuente que, también en la época del "trabajo" cada vez más mecanizado, el sujeto propio del trabajo sigue siendo el hombre.

CARTA ENCÍCLICA SOBRE EL TRABAJO HUMANO
(Laborem exercens), 1981

El peligro de considerar el trabajo como una "mercancía *sui generis*", o como una anónima "fuerza" necesaria para la producción (se habla incluso de "fuerza-trabajo"), existe siempre, especialmente cuando toda la visión de la problemática económica esté caracterizada por las premisas del economismo materialista.

CARTA ENCÍCLICA SOBRE EL TRABAJO HUMANO
(Laborem exercens), 1981

El trabajo es el fundamento sobre el que se forma la vida familiar, la cual es un derecho natural y una vocación del hombre. Estos dos ámbitos...deben unirse entre sí correctamente y correctamente compenetrarse.

CARTA ENCÍCLICA SOBRE EL TRABAJO HUMANO
(Laborem exercens), 1981

Si la Iglesia considera como deber suyo pronunciarse sobre el trabajo desde el punto de vista de su valor humano y del orden moral, en el cual se encuadra, reconociendo en éste una tarea específica importante en el servicio que hace al mensaje evangélico completo, simultáneamente considera un deber suyo particular la formación de una espiritualidad del trabajo, que ayude a todos los hombres a acercarse a través de él a Dios, Creador y Redentor, a participar en sus planes salvadores respecto al hombre y al mundo, y a profundizar en sus vidas la amistad con Cristo, asumiendo mediante la fe una viva participación en su triple misión de Sacerdote, Profeta y Rey, tal como lo enseña con expresiones admirables el Concilio Vaticano II.

CARTA ENCÍCLICA SOBRE EL TRABAJO HUMANO
(Laborem exercens), 1981

En la palabra de la divina Revelación está inscrita muy profundamente esta verdad fundamental, que *el hombre,* creado a imagen de Dios, mediante su trabajo participa en la obra del Creador, y según la medida de sus propias posibilidades, en cierto sentido, continúa desarrollándola y la completa, avanzando cada vez más en el descubrimiento de los recursos y de los valores encerrados en todo lo creado. Encontramos esta verdad ya al comienzo mismo de la Sagrada Escritura, en el libro de Génesis, donde la misma obra de la creación está presentada bajo la forma de un "trabajo" realizado por Dios durante los "seis días", para "descansar" el séptimo.

CARTA ENCÍCLICA SOBRE EL TRABAJO HUMANO
(*Laborem exercens*), 1981

La conciencia de que a través del trabajo el hombre participa en la obra de la creación, constituye el móvil más profundo para emprenderlo en varios sectores: "Deben, pues, los fieles —leemos en la Constitución *Lumen Gentium*— conocer la naturaleza íntima de todas las criaturas, su valor y su ordenación a la gloria de Dios y, además, deben ayudarse entre sí, también mediante las actividades seculares, para lograr una vida más santa, de suerte que el mundo se impregne del espíritu de Cristo y alcance más eficazmente su fin en la justicia, la caridad y la paz".

CARTA ENCÍCLICA SOBRE EL TRABAJO HUMANO
(*Laborem exercens*), 1981

El valor del trabajo no termina con el individuo. El significado completo del trabajo sólo se puede entender en relación con la familia y la sociedad. El trabajo sostiene y estabiliza la familia. Es más, dentro de la familia los hijos empiezan a aprender el sentido positivo del trabajo y la responsabilidad. En cada comunidad y en todas las naciones, el trabajo tiene un significado social fundamental. Puede, además, reunir a las personas en la solidaridad de un compromiso común, o separarlos a través de una competencia exagerada, de la explotación y del conflicto social. El trabajo es la clave de toda la cuestión social, cuando esa "cuestión" se entiende como algo que trata de hacer más humano el trabajo.

HOMILÍA EN MISA EN LOS ÁNGELES, 17 de septiembre de 1987

[El trabajo] es no sólo un bien "útil" o "para disfrutar", sino un bien "digno", es decir, que corresponde a la dignidad del hombre, un bien que expresa esta dignidad y la aumenta. Si se quiere precisar mejor el significado ético del trabajo, se debe tener presente ante todo esta verdad. El trabajo es un bien del hombre —es un bien de su humanidad— porque mediante el trabajo el hombre no sólo transforma la naturaleza adaptándola a las propias necesidades, sino que se realiza a sí mismo como hombre, es más, en un cierto sentido "se hace más hombre".

CARTA ENCÍCLICA SOBRE EL TRABAJO HUMANO
(Laborem exercens), 1981

El trabajo es, como queda dicho, una obligación, es decir, un deber del hombre y esto en el sentido múltiple de esta palabra. El hombre debe trabajar bien, sea por el hecho de que el Creador lo ha ordenado, bien sea por el hecho de su propia humanidad, cuyo mantenimiento y desarrollo exigen el trabajo. El hombre debe trabajar por respeto al prójimo, especialmente por respeto a la propia familia, pero también a la sociedad a la que pertenece, a la nación de la que es hijo, a la familia humana entera de la que es miembro, ya que es heredero del trabajo de generaciones y al mismo tiempo coartífice del futuro de aquellos que vendrán después de él con el paso de la historia. Todo esto constituye la obligación moral del trabajo, entendido en su más amplia acepción.

CARTA ENCÍCLICA SOBRE EL TRABAJO HUMANO
(Laborem exercens), 1981

Al echar una mirada sobre la familia humana entera, esparcida por la tierra, no se puede menos que quedar impresionados ante un hecho desconcertante de grandes proporciones, es decir, el hecho de que, mientras por una parte siguen sin utilizarse importantes recursos de la naturaleza, existen por otra grupos enteros de desocupados o subocupados y un sinfín de multitudes hambrientas. Este hecho atestigua sin duda el que, dentro de las comunidades políticas como en las relaciones existentes entre ellas a nivel continental y mundial —en lo concerniente a la organización del trabajo y del empleo— hay algo que no funciona y concretamente en los puntos más críticos y de mayor relieve social.

CARTA ENCÍCLICA SOBRE EL TRABAJO HUMANO
(Laborem exercens), 1981

La emigración por motivos de trabajo no puede convertirse de ninguna manera en ocasión de explotación financiera o social. En lo referente a la relación del trabajo con el trabajador inmigrado deben valer los mismos criterios que sirven para cualquier otro trabajador en aquella sociedad. El valor del trabajo debe medirse con el mismo metro y no en relación con la nacionalidad, religión o raza. Con mayor razón no puede ser explotada una situación de coacción en la que se encuentra el emigrado.

CARTA ENCÍCLICA SOBRE EL TRABAJO HUMANO
(Laborem exercens), 1981

La verdadera promoción de la mujer exige que el trabajo se estructure de manera que no deba pagar su promoción con el abandono del carácter específico propio y en perjuicio de la familia en la que como madre tiene un papel insustituible.

CARTA ENCÍCLICA SOBRE EL TRABAJO HUMANO
(Laborem exercens), 1981

La Iglesia está convencida de que el trabajo constituye una dimensión fundamental de la existencia del hombre en la tierra.

CARTA ENCÍCLICA SOBRE EL TRABAJO HUMANO
(Laborem exercens), 1981

Este Papa ha extendido su mano a todas las religiones del mundo. Se propuso viajar a todas partes y dirigirse a diversos grupos religiosos: judíos, musulmanes, budistas, sintoístas, hindúes. Por todo el mundo, ha abrazado la diversidad religiosa y ha llamado a todos a acabar con el prejuicio religioso, el antagonismo racial y la xenofobia.

En el espíritu de la fraternidad, se ha opuesto al proselitismo, prefiriendo dar una acogida amplia a otras religiones, reconociendo que Dios ama y acepta a todos los creyentes. Así lo ha demostrado él mismo no sólo asistiendo a lugares de culto de otras religiones, sino también pidiendo un "diálogo de vida" entre todos los creyentes para "promover los valores morales, la justicia social, la libertad y la paz". Intentando tender la mano y construir puentes para un diálogo, reunió a los líderes de las religiones más importantes del mundo en Asís (Italia) para un día de oración por la paz mundial.

Juan Pablo II ha causado polémica de vez en cuando con interpretaciones equivocadas, pero involuntarias, de otras tradiciones. Por ejemplo, en diciembre de 1994, describió en Sri Lanka al budismo como un "sistema ateo" en gran parte. Como resultado, los monjes budistas boicotearon una reunión panasiática con líderes musulmanes e hindúes. Además, el compromiso del Papa —y de la Iglesia— para la proclamación del Evangelio como "el camino, la verdad y la vida" parece estar en conflicto de vez en cuando con la meta de Juan Pablo de llegar a la fraternidad y la comprensión mundial. Asimismo, a pesar de su anhelo por una armonía ecuménica, a veces ha sido inflexible en su forma de dialogar con otras iglesias cristianas. Sin embargo, como filósofo y teólogo —comprometido a las creencias y los preceptos tradicionales del catolicismo romano— se mantiene abierto a nuevas formaciones de sus posiciones, buscando ideas nuevas y animando al diálogo y a la reconciliación con las ideas de otras religiones.

LAS RELIGIONES DEL MUNDO

En especial desde el Concilio Vaticano II, la Iglesia Católica se ha esforzado al máximo por seguir el camino del diálogo y de la colaboración con los miembros de las demás religiones. El diálogo interreligioso es un medio muy valioso, que permite a los seguidores de las diversas religiones descubrir los puntos comunes de contacto en la vida espiritual, aun conscientes de las diferencias que existen entre ellas. La Iglesia respeta la libertad de las personas de buscar la verdad y abrazarla según los dictados de su conciencia, y a esta luz rechaza con firmeza el proselitismo y el uso de medios ilícitos para obtener conversiones.

DISCURSO EN SRI LANKA EN LA REUNIÓN BOICOTEADA
POR LÍDERES BUDISTAS, 21 de enero de 1995

A la comunidad budista, que refleja numerosas tradiciones asiáticas como también americanas: deseo reconocer su forma de vida con respeto, basada en la compasión y la bondad amorosa y en ansias de la paz, la prosperidad y la armonía de todos. Demos todos testimonio de la compasión y la bondad amorosa en la promoción del verdadero bienestar de la humanidad.

A la comunidad islámica: comparto su creencia de que el hombre debe su existencia a un solo Dios que es compasivo y que creó el cielo y la tierra. En un mundo donde se niega o se desobedece a Dios, en un mundo de tanto sufrimiento y de tanta necesidad de la misericordia de Dios, esforcémonos juntos para ser portadores valientes de la esperanza.

A la comunidad hindú: estimo su preocupación por la paz interior y por la paz mundial, basada no en consideraciones puramente mecánicas, materialistas o políticas, sino en la purificación de uno mismo, el altruismo, el amor y la simpatía para todos. Que las mentes de todos sean imbuidas en tal amor y comprensión.

A la comunidad judía: repito la convicción del Concilio Vaticano II que la Iglesia "no se puede olvidar que recibió la revelación del Antiguo Testamento por la gente con la cual Dios en su misericordia estableció la Alianza Antigua". Tampoco se puede olvidar que recibió sustento de la raíz de ese olivo bueno sobre la cual se han injertado las ramas silvestres de oliva de los gentiles (Rom 11, 17–24), (*nostra aetate,* 4). Con vosotros, me opongo a toda forma de antisemitismo. Deseo que luchemos para el día en que todas las gentes y naciones puedan disfrutar de la seguridad, la armonía y la paz.

DISCURSO A LOS LÍDERES DE VARIAS RELIGIONES
EN LOS ÁNGELES, 16 de septiembre de 1987

De la misma forma en que los países de tradición cristiana acogen a las comunidades musulmanas, también algunos países de mayoría musulmana acogen generosamente a las comunidades no islámicas, permitiéndoles incluso construir sus propios edificios para el culto y vivir según su fe. Otros, sin embargo, siguen practicando una discriminación con respecto a los judíos, los cristianos y otras familias religiosas, llegando incluso a rechazar el derecho a reunirse en privado para orar. No nos cansaremos de insistir en ello: se trata de una violación intolerable e injustificable, no sólo de todas las normas internacionales en vigor, sino también de la libertad humana más fundamental, la de manifestar la propia fe, que es para el ser humano su razón de vida.

DISCURSO AL CUERPO DIPLOMÁTICO ACREDITADO
ANTE LA SANTA SEDE, 13 de enero de 1996

En la Iglesia nadie es extranjero, y la Iglesia no es extranjera para ningún hombre ni en ningún lugar. Como sacramento de unidad y, por tanto, como signo y fuerza de agregación de todo el género humano, la Iglesia es el lugar donde también los emigrantes ilegales son reconocidos y acogidos como hermanos. Corresponde a las diversas diócesis movilizarse para que esas personas, obligadas a vivir fuera de la red de protección de la sociedad civil, encuentren un sentido de fraternidad en la comunidad cristiana.

MENSAJE PARA LA JORNADA MUNDIAL DEL EMIGRANTE,
25 de julio de 1995

El fenómeno del integrismo ha de estudiarse en todas sus motivaciones y manifestaciones. El análisis de las situaciones políticas, sociales y económicas muestra que ese fenómeno no es sólo religioso, sino que, en muchos casos, se explota la religión con fines políticos o para compensar dificultades de orden social y económico. No puede haber una respuesta verdaderamente duradera al fenómeno del integrismo, mientras no se resuelvan los problemas que lo engendran o lo alimentan. Aunque hay que condenar la intolerancia y la violencia causadas por el integrismo, es muy importante tener una mirada de fe y amor hacia las personas que asumen esas actitudes y sufren frecuentemente a causa de ellas.

DIÁLOGO CON LOS MUSULMANES,
26 de agosto de 1995

En realidad en el mundo cristiano —no digo por parte de la Iglesia en sí— interpretaciones erróneas e injustas del Nuevo Testamento con respecto a los judíos y su supuesta culpa han circulado por demasiado tiempo, cultivando sentimientos de hostilidad hacia esta gente. Contribuyeron al adormecer de las conciencias, para que cuando la serie de persecuciones inspiradas por el antisemitismo pagano, que esencialmente equivale al anticristianismo, recorrió Europa, junto a cristianos que hicieron todo lo que pudieron aun poniendo sus vidas en peligro, la resistencia espiritual de muchos no fué lo que la humanidad esperó de los discípulos de Cristo.

LAS RAÍCES DEL ANTIJUDAÍSMO. DISCURSO DE JUAN PABLO II
A UN SIMPOSIO AUSPICIADO POR LA COMISIÓN HISTÓRICO-
TEOLÓGICA DEL COMITÉ DEL GRAN JUBILEO DEL AÑO
2000, 31 de octubre de 1997

En este lugar de recuerdos, la mente, el corazón y el alma sienten una gran necesidad de silencio. Silencio para recordar. Silencio para tratar de dar sentido a los recuerdos que vuelven a la memoria como un torrente. Silencio porque no hay palabras suficientemente fuertes para deplorar la terrible tragedia de la *Shoah*. Yo mismo tengo muchos recuerdos personales de todo lo que sucedió cuando los nazis ocuparon Polonia durante la guerra. Recuerdo a mis amigos y vecinos judíos, algunos de los cuales murieron, mientras que otros sobrevivieron.

LA *SHOAH* Y LA MEMORIA CRISTIANA.
DISCURSO A LOS SOBREVIVIENTES DE LA *SHOAH* DURANTE
LA VISITA AL MAUSOLEO DE YAD VASHEM, 23 de marzo de 2000

Aquí, como en Auschwitz y en muchos otros lugares de Europa, nos sobrecoge el eco de los lamentos desgarradores de tantas personas. Hombres, mujeres y niños nos gritan desde el abismo del horror que experimentaron. ¿Cómo podemos dejar de oír sus gritos? Nadie puede olvidar ni ignorar lo que sucedió. Nadie puede disminuir su alcance.

LA *SHOAH* Y LA MEMORIA CRISTIANA.
DISCURSO A LOS SOBREVIVIENTES DE LA *SHOAH* DURANTE
LA VISITA AL MAUSOLEO DE YAD VASHEM, 23 de marzo de 2000

Deseamos recordar. Pero deseamos recordar con una finalidad, a saber, para asegurar que no prevalezca nunca más el mal, como sucedió con millones de víctimas inocentes del nazismo. ¿Cómo pudo sentir el hombre un desprecio tan hondo por el hombre? Porque había llegado hasta el punto de despreciar a Dios. Sólo una ideología sin Dios podía planear y llevar a cabo el exterminio de un pueblo entero.

LA *SHOAH* Y LA MEMORIA CRISTIANA.
DISCURSO A LOS SOBREVIVIENTES DE LA *SHOAH* DURANTE
LA VISITA AL MAUSOLEO DE YAD VASHEM, 23 de marzo de 2000

Como obispo de Roma y sucesor del apóstol Pedro, aseguro al pueblo judío que la Iglesia Católica, motivada por la ley evangélica de la verdad y el amor, y no por consideraciones políticas, se siente profundamente afligida por el odio, los actos de persecución y las manifestaciones de antisemitismo dirigidos contra los judíos por cristianos en todos los tiempos y lugares. La Iglesia rechaza cualquier forma de racismo como una negación de la imagen del Creador inherente a todo ser humano.

LA *SHOAH* Y LA MEMORIA CRISTIANA.
DISCURSO A LOS SOBREVIVIENTES DE LA *SHOAH* DURANTE
LA VISITA AL MAUSOLEO DE YAD VASHEM, 23 de marzo de 2000

Construyamos un futuro nuevo en el que ya no existan sentimientos antijudíos entre los cristianos ni sentimientos anticristianos entre los judíos, sino más bien el respeto mutuo exigido a quienes adoran al único Creador y Señor, y consideran a Abraham su padre común en la fe.

LA *SHOAH* Y LA MEMORIA CRISTIANA.
DISCURSO A LOS SOBREVIVIENTES DE LA *SHOAH* DURANTE LA
VISITA AL MAUSOLEO DE YAD VASHEM, 23 de marzo de 2000

Gracias por el apoyo que vuestra presencia aquí, esta tarde, dé a la esperanza y a la convicción de tantas personas de entrar realmente en una nueva era de diálogo interreligioso. Somos conscientes de que estrechar las relaciones entre todos los creyentes es una condición necesaria y urgente para asegurar un mundo más justo y pacífico.

TRES RELIGIONES EN BUSCA DEL ENTENDIMIENTO Y LA PAZ.
DISCURSO DURANTE EL ENCUENTRO INTERRELIGIOSO CON
REPRESENTANTES JUDÍOS, CRISTIANOS Y MUSULMANES,
23 de marzo de 2000

Para todos nosotros, Jerusalén, como indica su nombre, es la "ciudad de la paz". Quizá ningún otro lugar en el mundo transmite el sentido de trascendencia y elección divina que percibimos en sus piedras, en sus monumentos y en el testimonio de las tres religiones que conviven dentro de sus murallas. No todo ha sido o será fácil en esta coexistencia. Pero debemos encontrar en nuestras respectivas tradiciones religiosas la sabiduría y la motivación superior para garantizar el triunfo de la comprensión mutua y del respeto cordial.

TRES RELIGIONES EN BUSCA DEL ENTENDIMIENTO Y LA PAZ.
DISCURSO DURANTE EL ENCUENTRO INTERRELIGIOSO CON
REPRESENTANTES JUDÍOS, CRISTIANOS Y MUSULMANES,
23 de marzo de 2000

Esto significa que la religión no admite la exclusión y la discriminación, el odio y la rivalidad, la violencia y el conflicto. La religión no es, y no debe llegar a ser, un pretexto para la violencia, especialmente cuando la identidad religiosa coincide con la identidad cul-

tural y étnica. ¡La religión y la paz van juntas! La creencia y la
práctica religiosa no pueden separarse de la defensa de la imagen
de Dios en todo ser humano.

TRES RELIGIONES EN BUSCA DEL ENTENDIMIENTO Y LA PAZ.
DISCURSO DURANTE EL ENCUENTRO INTERRELIGIOSO CON
REPRESENTANTES JUDÍOS, CRISTIANOS Y MUSULMANES,
23 de marzo de 2000

Respecto a las religiones no cristianas, la Iglesia Católica no rechaza nada de lo que en ellas hay de verdadero y santo. Por ello,
con respecto a las otras religiones, los católicos quieren subrayar
los elementos de verdad dondequiera que puedan encontrarse,
pero a la vez testifican fuertemente la novedad de la revelación de
Cristo, custodiada en su integridad por la Iglesia. En coherencia
con esta actitud, los católicos rechazan como extraña al espíritu de
Cristo toda discriminación o persecución contra las personas por
motivos de raza, color, condición de vida o religión. La diferencia
de religión nunca debe ser causa de violencia o de guerra. Al contrario, las personas de creencias diversas deben sentirse movidas,
precisamente por su adhesión a las mismas, a trabajar juntas por
la paz y la justicia.

ECCLESIA EN AMÉRICA.
EXHORTACIÓN APOSTÓLICA POSTSINODAL, 22 de enero de 1999

Si los cristianos deben considerarse hermanos de todos los hombres y portarse de acuerdo con esto, esa obligación es aún más
sagrada cuando se encuentran ante miembros de la comunidad
judía. En la "declaración sobre la relación entre la Iglesia y el
judaísmo", en abril de este año, los obispos de la República Fe-
deral de Alemania comenzaron con esta frase: "El que se encuentra con Jesucristo se encuentra con el judaísmo". Quisiera yo
también afiliarme a estas palabras.

DISCURSO A LA COMUNIDAD JUDÍA
DE ALEMANIA OCCIDENTAL, 17 de noviembre de 1979

La memoria de ese triunfo [del mal] sólo nos puede llenar de
amargura, en solidaridad fraternal con ellos que procuran la
marca indeleble de esas tragedias. Recemos y trabajemos para que

no pase esto. Antisemitismo, nunca más. La arrogancia del nacionalismo, nunca más. El genocidio, nunca más.

DISCURSO MARCANDO EL QUINCUAGÉSIMO ANIVERSARIO DE
LA LIBERACIÓN DE AUSCHWITZ, EN ROMA, 29 de enero de 1995

Interesa a los católicos, y esto sigue siendo una parte explícita y verdaderamente importante de mi misión, repetir y subrayar que nuestra actitud hacia la religión judía debe ser de gran respeto, pues la fe católica está enraizada en las verdades eternas, contenidas en las Escrituras Hebreas, y en la Alianza irrevocable hecha con Abraham. Nosotros conservamos también con agradecimiento esas mismas verdades de nuestra herencia judía, y os visitamos a vosotros como hermanos y hermanas nuestras en el Señor.

A LA COMUNIDAD JUDÍA DE SYDNEY
(Australia), 26 de noviembre de 1986

Abraham, nuestro antepasado común, enseña a todos nosotros, cristianos, judíos y musulmanes, a seguir este camino de la misericordia y del amor.

DISCURSO EN LISBOA, 14 de mayo de 1982

También estoy seguro de que la fe en un solo Dios puede ser una fuerza poderosa de armonía y colaboración entre cristianos, judíos y musulmanes en la batalla contra el prejuicio y la sospecha que deberían ser superados. En el mismo espíritu de respeto y amistad, no dudo en dirigirme a los habitantes de este país que no son creyentes, o que están preocupados por sus dudas con respecto a la fe. Con frecuencia tenemos una dedicación fiel en común a las mismas causas humanitarias, la preocupación por la justicia, la fraternidad, la paz, el respeto por la dignidad humana y la asistencia a los más necesitados. Extiendo un saludo a vosotros y a vuestras familias.

DISCURSO A LOS CATÓLICOS FRANCESES EN LOURDES,
15 de agosto de 1983

Sobresaliendo en todo el mundo, como un centro ideal, un joyero precioso que preserva el tesoro, es la Santa Ciudad, Jerusalén, hoy el objeto de una disputa que no parece tener solución; mañana —¡si

las personas lo quieren!— mañana un punto de encuentro de reconciliación y paz.

HOMILÍA EN OTRANTO, 5 de octubre de 1980

Considerando la historia a la luz de los preceptos de la fe en Dios,
debemos también reflexionar sobre el evento catastrófico del
Shoah, ese atentado cruel e inhumano de exterminar a los judíos
en Europa, un atentado que resultó en millones de víctimas
—incluyendo a mujeres y niños, ancianos y enfermos— extermi-
nadas sólo porque eran judías. Considerando el misterio del sufrimiento de los hijos de Israel, su testimonio de esperanza, de fe y de
humanidad a pesar de atrocidades deshumanizadoras, la Iglesia
vive con aún más profundidad su vínculo con el pueblo judío y con
su tesoro de riquezas espirituales en el pasado y el presente.

DISCURSO EN MIAMI,
10 de septiembre de 1987

Sus culturas nativas son la riqueza de las gentes, formas efectivas
para la transmisión de la fe, representaciones de su relación con
Dios, con los hombres y con el mundo. Como consecuencia merecen el mayor respeto, estima, simpatía y apoyo por parte de todos
los hombres. Estas culturas, de hecho, han dejado notables monumentos —como los de los maya, los aztecas, los incas y muchos
otros— que aún hoy contemplamos con asombro.

MENSAJE A LOS INDÍGENAS DE QUEZALTENANGO
(Guatemala), 7 de marzo de 1983

El poder de la verdad nos conduce a reconocer con Mahatma
Gandhi la dignidad, la igualdad y la solidaridad fraternal de
todos los seres humanos, y nos impulsa a rechazar cualquier
forma de discriminación. Esto nos muestra una vez más la necesidad del mutuo entendimiento, de la aceptación y colaboración
entre los grupos religiosos en la sociedad pluralista de la India
moderna y en todo el mundo.

DISCURSO EN RAJ GHAT *(India),* 10 de enero de 1986

La victoria de la vida sobre la muerte es lo que todo hombre desea.
Todas las religiones, especialmente las grandes tradiciones religiosas que siguen la mayor parte de los pueblos de Asia, dan testi-

monio de cuán profundamente está inscrita en la conciencia religiosa del hombre la verdad sobre nuestra inmortalidad. La búsqueda humana de la vida después de la muerte encuentra su cumplimiento definitivo en la resurrección de Cristo. Porque el Cristo resucitado es la demostración de la respuesta de Dios a este profundo anhelo del espíritu humano, la Iglesia profesa: "Espero la resurrección de los muertos y la vida del mundo futuro". El Cristo resucitado asegura a los hombres y a las mujeres de toda época que están llamados a una vida que traspasa el confín de la muerte.

DISCURSO EN LA JORNADA MUNDIAL
DE LA JUVENTUD EN MANILA, 14 de enero de 1995

El sintoísmo, la religión tradicional del Japón, afirma, por ejemplo, que todos los hombres son hijos de Dios y que, por eso, todos los hombres son hermanos. Además, en vuestra tradición religiosa, mostráis una sensibilidad especial y un aprecio para la armonía y la belleza de la naturaleza, y mostráis una buena disposición para reconocer allí la revelación del Dios más alto. También soy consciente de que en su enseñanza noble sobre el ascetismo personal trata de purificar el corazón del hombre.

Lo mucho que tenemos en común nos obliga a unirnos aún más en amistad y fraternidad para el servicio de toda la humanidad.

DISCURSO EN EL VATICANO, 21 de febrero de 1979

Jerusalén tiene comunidades de creyentes llenas de vida, cuya presencia las personas del mundo entero consideran como una señal y una fuente de esperanza —especialmente los que consideran que la Santa Ciudad es de cierta forma su patrimonio espiritual y un símbolo de paz y armonía. Por cierto, en tanto que es la patria de los corazones de todos los descendientes espirituales de Abraham, que la tienen muy cerca, y el lugar donde, según la fe, las creaciones de la tierra encuentran la transcendencia infinita de Dios, Jerusalén sobresalta como un símbolo del encuentro o la unión y de la paz universal para la familia humana.

CARTA APOSTÓLICA REDEMPTORIS ANNO, 1984

[El diálogo con las personas de otras religiones] es un complejo de actividades humanas, todas fundadas con el respeto y la estima por las personas de diversas religiones. Incluye la vivencia diaria de paz y asistencia mutua, donde cada uno es testigo de los valores aprendidos por la experiencia de la fe. Significa una disposición a cooperar con otros para el mejoramiento de la humanidad, y un compromiso para buscar juntos la paz verdadera. Significa el encuentro de teólogos y otras religiones, áreas de convergencia y divergencia. Donde permiten las circunstancias, significa el compartir de experiencias e ideas espirituales. Este compartir puede tomar la forma de la reunión como hermanos y hermanas para rezar a Dios en formas que protegen la unidad de cada tradición religiosa.

DISCURSO A LOS MIEMBROS Y EMPLEADOS DE LA SECRETARÍA
PARA LOS NO-CRISTIANOS, 28 de abril de 1987

Todos los cristianos deben, por ende, comprometerse al diálogo con los creyentes de todas las religiones, para que la comprensión mutua y la colaboración puedan crecer; para que los valores morales puedan ser fortalecidos; para que Dios pueda ser alabado en toda la creación. Se deben desarrollar formas para realizar este diálogo en todas partes, pero especialmente en Asia, el continente que es la cuna de las culturas y de las religiones antiguas. De la misma manera, los católicos y los cristianos de otras iglesias deben unirse en la búsqueda de la unidad completa, para que Cristo pueda ser manifestado cada vez más en el amor de sus seguidores.

EMISIÓN POR LA RADIO A ASIA DESDE JAPÓN,
21 de febrero de 1981

Muchas personas inocentes de diferentes nacionalidades [se murieron en los campos de concentración de los nazis], pero especialmente los hijos del pueblo judío, para quien el régimen nazi había planeado una exterminación sistemática, sufrieron la experiencia dramática del Holocausto. La consideración de circunstancias mitigantes no exonera a la Iglesia de la obligación de expresar una profunda pena por la debilidad de muchos de sus hijos e hijas que mancharon su rostro.

DISCURSO MARCANDO EL QUINCUAGÉSIMO ANIVERSARIO DE
LA LIBERACIÓN DE AUSCHWITZ, EN ROMA, 29 de enero de 1995

Queridos hermanos y hermanas de estas religiones y de todas las religiones, hoy tantos sufren de un vacío interior aun en la prosperidad material, porque pasan por alto las grandes preguntas de la vida: ¿qué es el hombre? ¿cuál es el significado y el propósito de la vida? ¿qué es la bondad y el pecado? ¿qué hace surgir el sufrimiento y qué propósito sirve? ¿qué es el camino a la felicidad verdadera? ¿qué es la muerte, el juicio y la retribución después de la muerte? ¿qué, por fin, es ese misterio último e inefable que abraza nuestra existencia, de la cual tomamos nuestro origen y hacia la cual nos movemos?

Estas preguntas profundamente espirituales, que son compartidas hasta cierto grado por todas las religiones, también nos unen en una preocupación común del bienestar del hombre en la tierra, especialmente por la paz mundial.

DISCURSO A LOS LÍDERES DE OTRAS RELIGIONES
EN LOS ÁNGELES, 16 de septiembre de 1987

El Papa Juan Pablo tiene gran afecto y aprecio por la gente joven y se ha dirigido con frecuencia a la juventud de todo el mundo. Nuestro cariño y respeto por los niños y los jóvenes —medido por nuestro esfuerzo por responder a sus necesidades— son una prueba de nuestro respeto por los seres humanos en general. La sociedad que no da mucha importancia a la juventud no puede sobrevivir. El Papa mismo disfruta con la gente joven: "Quiero expresar" dijo en una ocasión, "la alegría que todos encontramos en los niños que son la primavera de la vida, la anticipación del futuro..." También hay que decir que Juan Pablo encuentra esta alegría en todos los niños, incluyendo a los minusválidos y los enfermos, y anima a los padres y a toda la gente mayor a que sean espléndidos en su atención a los niños con necesidades particulares.

Para Juan Pablo, la familia es el centro de la vida del niño o del joven. La familia es el educador más importante, y la familia cristiana es el modelo para una sociedad ordenada. Especialmente en sociedades industrializadas, los padres pueden ser tentados a evadir su responsabilidad en la educación, dejándola en manos de los medios de comunicación u otras instituciones. Juan Pablo ve aquí un peligro que se debe evitar a toda costa, e insiste en que los padres deben ayudar a los hijos a desarrollar un sentido crítico de cara a sus fuentes de información y entretenimiento. Es la familia, guiada por los padres, la que ofrece a la juventud la base más fundamental, ya sea religiosa, moral o cultural.

De todos los descubrimientos que hace la juventud, el más importante para el Santo Padre es el descubrimiento de Cristo —el encuentro personal con el Señor.

LA JUVENTUD

Cada vez más hallo en los jóvenes la alegría y el entusiasmo de la vida, la búsqueda de la verdad y de un significado más profundo de la existencia que se abre ante ellos con todo su encanto y potencialidad.

DISCURSO EN EL BOSTON COMMON, 1 de octubre de 1979

Alumnos que han completado sus estudios en el extranjero, gracias a sus preparaciones profesionales, pueden ofrecer la exigencia necesaria para dirigir sus países de los bajíos del subdesarrollo. Invertir en su formación debe de ser una de las formas preferidas de cooperación. Es importante que estos mismos alumnos sean conscientes de sus responsabilidades a sus patrias. ¡No deben echarse atrás de esta responsabilidad! No pueden privar a sus patrias de las habilidades que han obtenido como médicos, ingenieros, agrónomos, o expertos en una carrera u otra de la vida social. Como cristianos, tienen que sentir la obligación de elegir el servicio evangélico a los pobres, para llegar a ser piedras angulares y vivas de la comunidad que los engendró en la fe. Por lo tanto, ellos atenderán diligentemente a su mejoramiento cultural y su formación espiritual, a fin de ser pacificadores y mensajeros de un mundo más unido, reconciliado y libre.

CARTA AL ARZOBISPO GIOVANNI, 16 de junio de 1996

A vosotros, jóvenes, os digo: si sentís la llamada del Señor, ¡no la rechacéis! Entrad más bien con valentía en las grandes corrientes de santidad que insignes santos y santas han iniciado siguiendo a Cristo. Cultivad los anhelos característicos de vuestra edad, pero responded con prontitud al proyecto de Dios sobre vosotros si Él os invita a buscar la santidad en la vida consagrada. Admirad todas las obras de Dios en el mundo, pero fijad la mirada en las realidades que nunca perecen. El tercer milenio espera la aportación de la fe y de la iniciativa de numerosos jóvenes consagrados, para que el mundo sea más sereno y más capaz de acoger a Dios, y en Él, a todos sus hijos e hijas.

EXHORTACIÓN APOSTÓLICA SOBRE LA VIDA CONSAGRADA
(Vita consecrata), 25 de marzo de 1996

No sólo hay niños que sufren la violencia de las guerras; no pocos de ellos son obligados a ser sus protagonistas. En algunos países del mundo se ha llegado a obligar a chicos y chicas, incluso muy jóvenes, a prestar servicio en las formaciones militares de las partes en lucha. Seducidos por la promesa de comida e instrucción escolar, son conducidos a campamentos aislados, donde padecen hambre y malos tratos, y donde son instigados a matar incluso a personas de sus propias poblaciones. A menudo son enviados como avanzada para limpiar los campos minados. ¡Evidentemente sus vidas valen muy poco para quien se sirve así de ellos!

MENSAJE PARA LA JORNADA MUNDIAL DE LA PAZ,
1 de enero de 1996

A vosotros, jóvenes, que de forma natural e instintiva hacéis del deseo de vivir el horizonte de vuestros sueños y el arco iris de vuestras esperanzas, os pido que os transforméis en profetas de la vida. Sedlo con las palabras y con las obras, rebelándoos contra la civilización del egoísmo que a menudo considera al ser humano un instrumento en vez de un fin, sacrificando su dignidad y sus sentimientos en nombre del mero lucro; hacedlo ayudando concretamente a quien tiene necesidad de vosotros y que tal vez sin vuestra ayuda tendría la tentación de resignarse a la desesperación.

DISCURSO EN LA UNDÉCIMA JORNADA MUNDIAL
DE LA JUVENTUD, 26 de noviembre de 1995

Nos dirigimos a vosotros con corazones cargados por las privaciones graves que vosotros, los hijos de la calle, sufrís. Lo que vosotros, los hijos de Dios, sufrís no le debiera pasar a nadie. A veces quizás ni os dais cuenta de que sois abandonados, abusados, explotados y enredados en una vida de crimen. Algunos de vosotros aún estáis viviendo bajo amenaza de asesinato por los que deberían protegeros de daño. Llamamos a toda la gente de buena voluntad a rescataros de estos peligros, para que podáis disfrutar de una vida segura y normal, y para que podáis descubrir la presencia del amor de Dios.

ENCUENTRO CON JESÚS: LAS CONVERSIONES, LA COMUNIÓN
Y LA SOLIDARIDAD. MENSAJE DE LA ASAMBLEA ESPECIAL
PARA AMÉRICA DEL SÍNODO DE OBISPOS, 9 de diciembre de 1997

Tenemos en cuenta las privaciones que vosotros, los jóvenes, enfrentáis, que dejáis vuestros hogares en sectores rurales con la incertidumbre y la vida impersonal de la ciudad, y que emigráis de vuestra patria para empezar una vida nueva en una tierra extraña, donde con frecuencia estáis malentendidos y maltratados. A todos vosotros, os ofrecemos una promesa renovada del amor de Dios en la comunidad de la Iglesia y un compañerismo con nosotros para poder trabajar juntos para establecer el reino de Dios.

ENCUENTRO CON JESÚS: LAS CONVERSIONES, LA COMUNIÓN Y LA SOLIDARIDAD. MENSAJE DE LA ASAMBLEA ESPECIAL PARA AMÉRICA DEL SÍNODO DE OBISPOS, 9 de diciembre de 1997

En todas partes los jóvenes se plantean problemas importantes: problemas sobre el significado de la vida, sobre el modo recto de vivir, sobre la verdadera escala de valores. "¿Qué he de hacer? ¿Qué he de hacer para alcanzar la vida eterna?" Estas preguntas dan testimonio de vuestros pensamientos, de vuestras conciencias, de vuestros corazones y de vuestras voluntades. Dicen al mundo que vosotros, vosotros los jóvenes, lleváis en vosotros mismos una apertura especial a todo cuanto es bueno y verdadero.

DISCURSO EN EL BOSTON COMMON, 1 de octubre de 1979

Vuestra misión como jóvenes hoy se abre a todo el mundo. ¿En qué sentido? Nunca podéis olvidar la interdependencia de los seres humanos donde sea que estén. Cuando Jesús nos dice que amemos al prójimo, no pone límite geográfico. Lo que se necesita hoy es una solidaridad entre todos los jóvenes del mundo —especialmente con los pobres y los necesitados. Vosotros, jóvenes, debéis transformar la sociedad con vuestras vidas de justicia y amor fraternal. No es sólo una cuestión de vuestros propios países, sino del mundo entero. Esto ciertamente es vuestra misión, queridos jóvenes. Sois compañeros unos de otros, compañeros de la Iglesia entera, compañeros de Cristo.

NUEVA ORLEANS, 12 de septiembre de 1987

Los estudiantes universitarios están en una posición espléndida para tomarse a pecho la invitación del Evangelio a salir de sí mismos, rechazar la introversión y concentrarse en las necesidades de los demás. Los estudiantes con oportunidad de hacer estudios superiores pueden entender fácilmente la relevancia actual de la parábola de Cristo sobre el rico y Lázaro (Lc 16, 19ff), con todas sus consecuencias para la humanidad. Está en juego no sólo la rectitud del corazón de cada uno, sino también el orden social entero según toca los campos de la economía, de la política y de los derechos y relaciones humanos.

WESTOVER HILLS *(Texas),* 13 de septiembre de 1987

Oiréis a muchos deciros que vuestras prácticas religiosas están irremediablemente desfasadas, que dificultan vuestro estilo y vuestro futuro, que con todo lo que es capaz de ofreceros el progreso social y científico, podréis organizar vuestras propias vidas y que Dios no cuenta ya. Incluso muchas personas religiosas adoptarán tales actitudes inseparables en la atmósfera circundante, sin darse cuenta del ateísmo práctico que está en sus orígenes.

HOMILÍA EN LA MISA PARA LA JUVENTUD DE GALWAY
(Irlanda), 30 de septiembre de 1979

Sí, queridos jóvenes, no cerréis vuestros ojos a la enfermedad moral que acecha a vuestra sociedad hoy, de la cual no puede protegeros tan sólo vuestra juventud. Cuántos jóvenes han torcido sus conciencias y han sustituido la verdadera alegría de la vida por las drogas, el sexo, el alcohol, el vandalismo y la búsqueda vacía de las meras posesiones materiales.

HOMILÍA EN LA MISA PARA LA JUVENTUD DE GALWAY
(Irlanda), 30 de septiembre de 1979

Cada Jornada Mundial de la Juventud ha sido una confirmación de la apertura de los jóvenes al significado de la vida como don recibido, don al que desean responder, luchando por un mundo mejor para sí mismos y para sus semejantes. Creo que podríamos interpretar correctamente sus aspiraciones más profundas, diciendo que piden que la sociedad —especialmente los líderes de las naciones y todos los que rigen el destino de los pueblos— los acepte como verdaderos colaboradores en la construcción de un

mundo más humano, justo y compasivo. Piden que se les permita
contribuir con sus ideas y energías a esa tarea.

OBSERVACIONES EN LA CEREMONIA DE BIENVENIDA EN REGIS
COLLEGE, DENVER *(Colorado),* 8 de diciembre de 1993

En mis visitas pastorales a la Iglesia en todo el mundo me ha conmovido profundamente la situación casi general de dificultad en
que los jóvenes crecen y viven. Soportan demasiados sufrimientos
a causa de calamidades naturales, hambre, epidemias, crisis
económicas y políticas, y atrocidades de las guerras. Y donde las
condiciones materiales son al menos adecuadas, surgen otros valores que amenazar a la estabilidad de la familia. En los países
desarrollados, una seria crisis moral ya está afectando a la vida de
muchos jóvenes, dejándolos a la deriva, a menudo sin esperanza, e
impulsándolos a buscar sólo una gratificación inmediata. A pesar
de eso, en todas partes hay muchachos y muchachas preocupados
por el mundo que los rodea, dispuestos a dar lo mejor de sí mismos al servicio de los demás, y muy sensibles al significado
trascendente de la vida.

OBSERVACIONES EN LA CEREMONIA DE BIENVENIDA EN REGIS
COLLEGE, DENVER *(Colorado),* 8 de diciembre de 1993

No pedimos que los jóvenes abandonen sus incertidumbres, preguntas o críticas. En cambio, pedimos que todos los que se llaman
cristianos se permitan ser guiados por la gracia del encuentro de
Cristo en la Iglesia, a través de los sacramentos, la oración y la
recepción de la palabra.

MENSAJE A LA JUVENTUD DEL MUNDO EN EL FORUM
INTERNACIONAL DE LA JUVENTUD, 26 de agosto de 1993

Jóvenes de la Jornada Mundial de la Juventud, la Iglesia os pide
que vayáis, con la fuerza del Espíritu Santo, a los que están cerca y
a los que están lejos. Compartid con ellos la libertad que habéis
hallado en Cristo. La gente tiene sed de auténtica libertad interior.
Anhela la vida que Cristo vino a dar en abundancia. Ahora que se
avecina un nuevo milenio, para el que toda la Iglesia está
preparándose, el mundo es como un campo ya pronto para la

cosecha. Cristo necesita obreros dispuestos a trabajar en su viña. Vosotros, jóvenes católicos del mundo, no lo defraudéis. En vuestras manos, llevad la cruz de Cristo. En vuestros labios, las palabras de la vida. En vuestro corazón, la gracia salvadora del Señor.

UNA CELEBRACIÓN DE LA VIDA:
HOMILÍA EN CHERRY CREEK STATE PARK, 15 de agosto de 1993

Los padres y los ancianos a menudo sienten que han perdido el contacto con vosotros, y se inquietan, como se angustiaron María y José al darse cuenta de que Jesús se había quedado en Jerusalén. Muchos padres de edad avanzada se sienten abandonados por nuestra culpa. ¿Es verdad o no? No debería ser verdad. Debería suceder lo contrario. Pero a veces es verdad. Unas veces vosotros sois muy críticos con respecto al mundo de los adultos —yo también era como vosotros— y, otras, ellos son muy críticos con respecto a vosotros. Esto también es verdad; no es nada nuevo, y a menudo esas críticas tienen fundamento. Pero recordad siempre que debéis a vuestros padres la vida y la educación. Recordad la deuda que tenéis hacia vuestros padres. El cuarto mandamiento expresa de modo conciso los deberes de justicia hacia ellos. En la mayor parte de los casos se han encargado de vuestra formación a costa de sacrificio personal. Gracias a ellos habéis sido introducidos en la herencia cultural y social de vuestra comunidad y de vuestro país, vuestra patria. Hablando en general, vuestros padres han sido vuestros primeros maestros en la fe. Los padres, por tanto, tienen derecho a esperar de sus hijos e hijas los frutos maduros de sus esfuerzos, de la misma manera que los hijos y los jóvenes tienen derecho a esperar de sus padres el amor y la solicitud que los lleven a un sano desarrollo. Todo eso lo pide el cuarto mandamiento, que es muy rico. Os sugiero que lo meditéis. Os pido que construyáis puentes de diálogo y comunicación con vuestros padres. Nada de espléndido aislamiento. ¡Comunicación! ¡Amor! Ejerced un influjo positivo en la sociedad, ayudándola a derribar las barreras que se han levantado entre las generaciones.

HOMILÍA PARA LA MISA FINAL DE LA DÉCIMA JORNADA
MUNDIAL DE LA JUVENTUD EN MANILA, 15 de enero de 1995

No podemos ignorar las aspiraciones profundas que hoy animan los corazones de las personas. A pesar de algunos signos negativos, muchos tienen hambre de espiritualidad auténtica y valiente. Existe "un nuevo descubrimiento de Dios en su realidad trascendente de Espíritu infinito" y en especial, los jóvenes buscan un fundamento sólido sobre el cual edificar sus propias vidas. La juventud estadounidense se dirige a vosotros para que la conduzcáis a Cristo, que es la única "respuesta existencialmente adecuada al deseo de bien, de verdad y de vida que hay en el corazón de todo hombre". Permitidme repetiros lo que dije a los obispos el mes pasado en Denver: "¿Estamos dispuestos siempre a ayudar a los jóvenes a descubrir los elementos trascendentes de la vida cristiana? De nuestras palabras y acciones, ¿deducen que la Iglesia es realmente un misterio de comunión con la Santísima Trinidad, y no simplemente una institución humana con aspiraciones temporales?"

DISCURSO *AD LIMINA:* ACOMPAÑANDO A LA JUVENTUD EN SU
PEREGRINACIÓN DE FE, 21 de septiembre de 1993

¿Qué esperan la Iglesia y el Papa de los jóvenes de la X Jornada Mundial de la Juventud? Que deis testimonio de Jesucristo. Y que aprendáis a proclamar todo lo que el mensaje de Cristo contiene para la auténtica liberación y el verdadero progreso de la humanidad. Esto es lo que Cristo espera de vosotros. Esto es lo que la Iglesia pide a los jóvenes de Filipinas, de Asia y del mundo.

DISCURSO EN LA DÉCIMA JORNADA MUNDIAL DE LA JUVENTUD
EN MANILA, 14 de enero de 1995

Gente joven, os digo, Cristo os está esperando con los brazos abiertos: Cristo confía en vosotros para la construcción de la justicia y de la paz, para difundir el amor. Como en Turín, digo también hoy: "Debéis volver a la escuela de Cristo para redescubrir el significado verdadero, pleno y profundo de estas palabras. El apoyo necesario de estos valores permanece sólo con la posesión de una fe segura y sincera, una fe que abraza a Dios y al hombre, el hombre en Dios. No existe una dimensión más adecuada, más profunda de la palabra 'hombre', de la palabra 'amor', de la palabra 'libertad', de la palabra 'paz', de la palabra 'justicia': no hay otra cosa, sólo existe Cristo".

DISCURSO AL COLEGIADO SAGRADO DE CARDENALES,
22 de diciembre de 1980

Donde haya gente joven, adolescentes o niños, existe la garantía de la alegría, porque tienen la vida en su florecimiento más espontáneo y exuberante. Poseéis esta *joie de vivre* con abundancia y la ofrecéis generosamente a un mundo que a veces está cansado, desanimado, descorazonado, desilusionado. Esta reunión nuestra también es un signo de esperanza, porque los adultos, no sólo vuestros padres, sino también vuestros profesores y todos los que colaboran en vuestro crecimiento y desarrollo físico e intelectual, ven en vosotros a aquellos que podrán conseguir quizá lo que ellos —debido a varias circunstancias— no han podido conseguir.

DISCURSO EN EL VATICANO, 22 de noviembre de 1978

Siempre hay una atracción especial en vosotros, la gente joven, por esa bondad instintiva que no está contaminada por la maldad, y por vuestra especial buena voluntad para aceptar la verdad y ponerla en práctica. Y como Dios es la verdad, vosotros, amando y aceptando la verdad, estáis más cerca del cielo.

DISCURSO EN EL VATICANO, 13 de diciembre de 1978

¡Venid, en particular vosotros, gente joven, sedientos de inocencia, de contemplación, de belleza interior, de pura felicidad; vosotros que buscáis el significado último y decisivo de la existencia y de la historia, venid, y reconoced y disfrutad de la espiritualidad cristiana y benedictina, antes de dejaros atraer por otras experiencias!

DISCURSO EN EL MONASTERIO DE MONTE CASSINO,
18 de mayo de 1979

La Iglesia os necesita. El mundo os necesita, porque necesita a Cristo, y vosotros pertenecéis a Cristo. Por eso, yo os pido que aceptéis un puesto de responsabilidad en la Iglesia, la responsabilidad de vuestra educación católica: ayudar (con palabras, pero sobre todo con el ejemplo de vuestras vidas) a difundir el Evangelio. Lleváis esto a cabo con la oración, pero también siendo justos, fieles y puros. Queridos jóvenes: Estáis llamados a dar testimonio de vuestra fe a través de una auténtica vida cristiana y de la práctica de vuestra religión. Y, porque una acción vale más que mil palabras, estáis llamados a proclamar, mediante la conducta de vuestra vida diaria, que creéis realmente que Jesucristo es Señor.

DISCURSO EN NUEVA YORK, 3 de octubre de 1979

Las selecciones de este capítulo ofrecen una muestra de la sabiduría del Papa sobre varios aspectos importantes de la vida cristiana. Se incluyen textos sobre las artes, Jesucristo, el celibato, los sacramentos, el mal, las mujeres religiosas, la educación católica, María, el ecumenismo y la Pascua.

Estas selecciones finales, por supuesto, no abarcan el ámbito enorme de los conocimientos e intereses del Papa, sin decir nada de sus contribuciones a libros, discursos, sermones, cartas y encíclicas que tratan un abanico de temas religiosos y seculares. En los años de su pontificado, el Papa ha cumplido un programa exigente, tanto en el Vaticano como en el extranjero en más de sesenta viajes, durante los cuales ha dado hasta tres discursos por día, casi todos los días del año. Sólo sus colecciones alcanzan ya los veinte tomos.

Además, antes de ascender al papado, Juan Pablo había sido poeta, dramaturgo, crítico de teatro y filósofo distinguido, vocaciones que no se han representado en esta colección por limitaciones de espacio, y porque la selección se centra en temas populares y cuestiones fundamentales. Por eso, esta antología explora puntos claves de la vida cristiana y de la fe católica. Pero cualquier lector podría pensar en otros muchos temas que se hubieran podido añadir.

La vida cristiana

Jesucristo

Cristo es el esperado por todos los pueblos; es la respuesta de Dios a la humanidad. Después de un período largo de "preparaciones evangélicas" (Eusebius de Cesárea), aquí viene del seno del Padre.

Viene a ser un hombre como nosotros, para ofrecer a Dios el acto supremo de alabanza y amor que sólo puede reconciliarle con el hombre.

LA IGLESIA EN EL MUNDO DE LA DÉCADA DE LOS OCHENTA: DISCURSO A LOS CARDENALES EN ROMA, 22 de diciembre de 1980

Vivimos en una época de grandes transformaciones, en la que declinan rápidamente ideologías que parecía que podían resistir el desgaste del tiempo, y en el planeta se van modificando los confines y las fronteras. Con frecuencia la humanidad se encuentra en la incertidumbre, confundida y preocupada (cfr. Mt 9, 36). La fe de la Iglesia está fundada en Jesucristo, único salvador del mundo: ayer, hoy y siempre (cfr. Hb 13, 8). La Palabra de Dios remite a Cristo, porque a Él se dirigen las preguntas que brotan del corazón humano frente al misterio de la vida y de la muerte. Él es el único que puede ofrecer respuestas que no engañan o decepcionan...Jesús vive entre los que lo invocan sin haberlo conocido; entre los que, habiendo empezado a conocerlo, sin su culpa, lo han perdido; entre los que lo buscan con corazón sincero, aun perteneciendo a situaciones culturales y religiosas diferentes.

DISCURSO DURANTE LA DUODÉCIMA JORNADA MUNDIAL DE LA JUVENTUD, 15 de agosto de 1996

Jesús es el Hijo de Dios "encarnado", venido en la carne, para vivir las realidades concretas de nuestra existencia como hombre y al mismo tiempo como el Hijo de Dios. Es un misterio sin precedente. Tenéis una idea de la dignidad que otorgó en vuestras vidas como humildes trabajadores, porque vivió en Nazaret, en Palestina. Vivió bajo la mirada de Dios, su Padre, íntimamente unido a Él en la acción de la gracia. Ofreció a Dios todas sus alegrías y todas sus dificultades. Vivió con sencillez, con pureza de corazón, con valentía, como un servidor, como un amigo recibiendo a los enfermos, los afligidos, los pobres de todo tipo, con un amor que nadie sobrepasará y que dejó como su testamento: amaos los unos a los otros, como yo os he amado. Es esa vida que, por la prueba de su sacrificio, ofreció para liberar al mundo de sus pecados, la que ahora es glorificada ante Dios.

HOMILÍA EN KINSANGANI *(Zaire)*, 29 de mayo de 1980

No podemos aprender el cristianismo como una lección hecha de diversos capítulos, sino que es algo que siempre se vincula a una persona, una persona viva, Jesucristo. Jesucristo es tanto guía como modelo. Es posible imitarlo en diferentes formas y en varios grados para convertirlo en la "regla" de la propia vida de uno.

DISCURSO A LA JUVENTUD EN PARÍS, 1 de junio de 1980

La Iglesia siempre ha enseñado y continúa proclamando que la revelación de Dios se completó en Jesucristo, que es la plenitud de esa revelación, y que "ninguna nueva revelación pública se ha de esperar antes de la manifestación gloriosa de Nuestro Señor" (Constitución sobre la revelación divina, 4). La Iglesia evalúa y juzga las revelaciones privadas según el criterio de conformidad con esa única revelación pública.

EL MENSAJE DE FÁTIMA, 13 de mayo de 1982

María

Consagrar el mundo al Corazón Inmaculado de María significa acercarse, por intercesión de la Madre, a la misma fuente de vida que surge del Gólgota. De esta fuente brota sin cesar la redención y la gracia. En ella se hace reparación continuamente por los pecados del mundo. Es una fuente incesante de vida nueva y de santidad.

EL MENSAJE DE FÁTIMA, 13 de mayo de 1982

Como hemos visto, los Evangelios contienen la afirmación explícita de una concepción virginal de orden biológico, por obra del Espíritu Santo, y la Iglesia ha hecho suya esta verdad ya desde las primeras formulaciones de la fe.

CATEQUESIS N. 26 SOBRE LA VIRGINIDAD DE MARÍA,
10 de julio de 1996

María vive y realiza la propia libertad donándose a Dios y acogiendo en sí el don de Dios. Hasta el momento del nacimiento, custodia en su seno virginal al Hijo de Dios hecho hombre, lo nutre, lo hace crecer y lo acompaña en aquel gesto supremo de libertad que es el sacrificio total de la propia vida. Con el don de sí misma, María entra plenamente en el designio de Dios, que se entrega al mundo. Acogiendo y meditando en su corazón acontecimientos que no siempre puede comprender (cf. Lc 2, 19), se convierte en el modelo de todos aquellos que escuchan la palabra de Dios y la cumplen (cf. Lc 11, 28) y merece el título de "Sede de la Sabiduría". Esta Sabiduría es Jesucristo mismo, el Verbo eterno de Dios, que revela y cumple perfectamente la voluntad del Padre (cf. Heb 10, 5–10). María invita a todo ser humano a acoger esta Sabiduría. También nos dirige la orden dada a los sirvientes en Caná de Galilea durante el banquete de bodas: "Haced lo que Él os diga" (Jn 2, 5).

CARTA ENCÍCLICA SOBRE EL ESPLENDOR DE LA VERDAD
(Veritatis splendor), 1993

La maternidad significa cuidar la vida del niño. Como María es la madre de todos nosotros, su cuidado por la vida del hombre es universal. El cuidado de la madre abraza totalmente al niño. La maternidad de María tiene su origen en su cuidado maternal por Cristo. En Cristo, al pie de la cruz, aceptó a Juan, y en Juan aceptó totalmente a todos nosotros.

EL MENSAJE DE FÁTIMA, 13 de mayo de 1982

Los sacramentos

La Eucaristía, es, asimismo, una gran llamada a la conversión. Sabemos que es una invitación al banquete; que al alimentarnos de la Eucaristía, recibimos en ella el cuerpo y la sangre de Cristo bajo las apariencias de pan y vino. Precisamente por esta invitación la Eucaristía es y sigue siendo un llamamiento a la conversión. Si la recibimos como tal llamamiento, como tal invitación, produce en nosotros sus frutos propios. Transforma nuestras vidas. Nos hace un "hombre nuevo", una "criatura nueva" (cf. Gál 6, 15; Ef 2, 15; 2 Cor 5, 17). Nos ayuda a no ser "vencidos del mal, antes a vencer el mal con el bien" (cf. Rom 12,

21). La Eucaristía ayuda a que el amor triunfe en nosotros, el amor sobre el odio, la solicitud sobre la indiferencia.

HOMILÍA DURANTE LA MISA EN EL "PHOENIX PARK",
29 de septiembre de 1979

El sacerdocio común de los fieles y el sacerdocio ministerial o jerárquico están ordenados el uno al otro; ambos, en efecto, participan, cada uno a su manera, del único sacerdocio de Cristo. Su diferencia, sin embargo, es esencial y no sólo de grado. En efecto, el sacerdocio ministerial, por el poder sagrado de que goza, configura y dirige al pueblo sacerdotal, realiza como representante de Cristo el sacrifico eucarístico y lo ofrece a Dios en nombre de todo el pueblo. Los fieles, en cambio, participan en la celebración de la Eucaristía en virtud de su sacerdocio real y lo ejercen al recibir los sacramentos, en la oración y en la acción de gracias, con el testimonio de una vida santa, con la renuncia y el amor que se traduce en obras.

CARTA A LOS SACERDOTES EN EL AÑO JUBILAR DE SU
ORDENACIÓN SACERDOTAL, 17 de marzo de 1996

El confesionario no es y no puede ser una alternativa a la consulta del psicoanalista o del psicoterapeuta. Tampoco se puede esperar del sacramento de la penitencia la curación de situaciones de índole propiamente patológica. El confesor no es un curandero y tampoco un médico en el sentido técnico de la palabra; más aún, si el estado del penitente requiere atención médica, el confesor no debe afrontar el asunto, sino remitir al penitente a profesionales competentes y honrados.

MENSAJE DEL PAPA JUAN PABLO II AL CARDENAL WILLIAM
BAUM, PENITENCIARIO MAYOR, 20 de marzo de 1998

La misión de la Iglesia y su capacidad de ofrecer su contribución específica a la familia humana surgen de la Eucaristía.

La Eucaristía transmite efectivamente el último don de Cristo al mundo: "La paz os dejo, mi paz os doy" (cf Jn 14, 27).

La Eucaristía es el sacramento de la "paz" de Cristo porque es el memorial del sacrificio redentor de la Cruz.

La Eucaristía es el sacramento de la victoria sobre las divisiones que surgen del pecado personal y del egoísmo colectivo.

Por lo tanto, la comunidad de la Eucaristía está llamada a ser un modelo y un instrumento de una humanidad reconciliada.

En la comunidad cristiana no puede haber ni división, ni discriminación, ni separación entre los que comparten el pan de la vida alrededor de un altar de sacrificio.

HOMILÍA EN SEÚL *(Corea del Sur),* 18 de octubre de 1988

El bautismo es la consagración primera y fundamental del ser humano. Iniciando la nueva existencia en Cristo, el bautizado —hombre o mujer— participa de la consagración, de la donación total al Padre que es propia de su Hijo eterno. Es Él mismo —el Hijo— quien suscita en el alma del hombre el deseo de entregarse sin reservas a Dios: "Mi alma tiene sed de Dios, del Dios vivo, ¿cuándo podré ir a ver el rostro de Dios?" (Sal 42, 3).

¿Qué será el mundo sin la vida consagrada?

HOMILÍA EN LA MISA DEL SÍNODO DE LOS OBISPOS,
29 de octubre de 1994

El apóstol Pablo dijo: "Todo viene de Dios que nos reconcilió con Él por medio de Cristo, y nos confió el misterio de la reconciliación" (2 Cor 18). El pueblo de Dios está llamado a una conversión continua, a una reconciliación renovada con Dios en Cristo. Esta reconciliación se realiza en el sacramento de la penitencia, y allí ejercitáis, de modo excelente, vuestro ministerio de reconciliación.

DISCURSO A LOS SACERDOTES DE ZAIRE, 4 de mayo de 1980

El celibato

Los presbíteros de la Iglesia latina asumen el compromiso de vivir en el celibato. Si la vocación es vigilancia, un aspecto significativo de la misma es ciertamente la fidelidad a este compromiso durante toda la vida. Sin embargo, el celibato es sólo una de las dimensiones de la vocación, la cual se realiza a lo largo de la vida en el contexto de un compromiso global ante los múltiples cometidos que derivan del sacerdocio.

CARTA A LOS SACERDOTES EN EL AÑO JUBILAR DE SU
ORDENACIÓN SACERDOTAL, 17 de marzo de 1996

El sacerdote que, en la elección del celibato, renuncia al amor humano para estar totalmente abierto al amor de Dios, se hace a sí mismo libre para darse a muchos como un don, sin excluir a nadie, e incluyendo a todos en la caridad que viene de Dios (cf Rom 5, 5) y lleva a Dios. El celibato, al vincular al sacerdote con Dios, le hace libre para todo el trabajo requerido por el cuidado de las almas.

DISCURSO A LOS SACERDOTES DE ZAIRE, 4 de mayo de 1980

A la luz de este principio varios otros aspectos del sacerdocio se clarifican: se proclama el valor del celibato no como una exigencia práctica, sino como una expresión de ofrecimiento perfecto y de configuración con Jesucristo.

DISCURSO *AD LIMINA* A LOS OBISPOS DE ESTADOS UNIDOS, 9 de septiembre de 1983

Las religiosas

Desde el principio de mi pontificado me he esforzado en señalar la importancia de la consagración religiosa en la Iglesia y el valor de la vida religiosa tal como afecta la comunidad entera de los fieles. Las religiosas tienen la tarea de mostrar la santidad del cuerpo entero de Cristo y de dar testimonio de una vida nueva y eterna adquirida por la redención de Cristo. Al mismo tiempo están llamadas a muchos y diferentes apostolados en la Iglesia. Su servicio en el Evangelio es muy necesario para la vida de la Iglesia.

DISCURSO A LOS OBISPOS DE NAIROBI
(Kenya), 29 de mayo de 1980

Vuestra misión podría pareceros demasiado exigente, demasiado grande para vuestras capacidades. Pues vosotras estáis cerca de la gente; en muchos casos tenéis en vuestras manos la educación de los niños, la educación de los jóvenes y de los adultos. Por naturaleza y por vuestra misión evangélica debéis ser sembradoras de paz y armonía, de unidad y fraternidad. Podéis desconectar los mecanismos de la violencia a través de la educación integral y de la promoción de los valores auténticos de la persona. Vuestras vidas consagradas deben ser un desafío al egoísmo y a la opresión, una llamada a la conversión, un factor de reconciliación entre las personas.

DISCURSO A LAS RELIGIOSAS EN COSTA RICA, 3 de marzo de 1983

A las religiosas se les debe una deuda muy especial de agradecimiento por su contribución particular al campo de la educación. Su apostolado auténtico de la educación fue, y es, digno del mayor elogio. Es un apostolado que requiere mucho sacrificio de uno mismo; es enteramente humano como una expresión de servicio religioso; un apostolado que sigue de cerca el crecimiento humano y espiritual, y acompaña a los niños y los jóvenes con paciencia y amor a través de los problemas de la juventud y por la inseguridad de la adolescencia hacia la madurez cristiana.

DISCURSO A LOS OBISPOS DE ESTADOS UNIDOS,
28 de octubre de 1993

Vuestra consagración os une a la Iglesia de una forma especial; en comunión perfecta con ella, con su misión, con sus pastores y con sus fieles, encontraréis el pleno significado de vuestra vida religiosa. Seguid siendo, como mujeres consagradas, el honor de la madre Iglesia.

DISCURSO A LAS RELIGIOSAS EN COSTA RICA,
3 de marzo de 1983

Precisamente esta feminidad —con frecuencia considerada por un cierta opinión pública como sacrificada estúpidamente en la vida religiosa— se redescubre y se extiende de hecho a un nivel superior: el reino de Dios.

DISCURSO A LAS RELIGIOSAS EN ZAIRE, 3 de mayo de 1980

Evangelización

La tarea de la evangelización atañe por igual a todos los cristianos, sean católicos, ortodoxos o protestantes. Debemos dar ante el mundo un testimonio unánime de Jesucristo, Hijo de Dios vivo, que resucitó de entre los muertos y reveló a todos los hombres el rostro del único Dios. Todos los cristianos están llamados a cumplir esta misión de acuerdo con su vocación. La tarea de la evangelización exige que todos los cristianos nos acerquemos unos a otros y avancemos juntos, con el mismo espíritu; evangelización y unidad, evangelización y ecumenismo están indisolublemente vinculados entre sí.

DISCURSO EN LA CELEBRACIÓN ECUMÉNICA
DE LA PALABRA EN ALEMANIA, 22 de junio de 1996

En este tiempo de gracia para toda la Iglesia, los católicos chinos
también deben sentirse profundamente comprometidos a favor
de la nueva evangelización y la predicación del Evangelio *ad
gentes*. Ambos aspectos del mandato misionero de la Iglesia son
esenciales para una auténtica renovación eclesial. Asia está
esperando escuchar la palabra de Dios, y han de ser sobre todo los
asiáticos mismos quienes aseguren que eche raíces profundas en
las antiguas culturas del continente. En vuestro caso, la incul-
turación del Evangelio en vuestra propia cultura debe mostrar
que en ella no puede haber oposición o incompatibilidad en ser al
mismo tiempo verdaderamente católico y auténticamente chino.

D I S C U R S O *AD LIMINA* A L O S   O B I S P O S   D E   C H I N A ,
19 de agosto de 1995

Además, con respecto a la relación entre actividad misionera y
política colonizadora de algunos países, hay que analizar con
serenidad y mirada limpia los datos de hecho, de los que se deduce
que, si en algún caso la coincidencia pudo haber llevado a comportamientos reprobables por parte de misioneros en la referencia
a las naciones de procedencia o en la colaboración con los poderes
locales, de los que, por lo demás, no siempre era fácil prescindir,
sin embargo la actividad evangelizadora considerada en su conjunto se ha distinguido siempre por un objetivo muy diferente del
de las potencias terrenas: promover la dignidad personal de los
hombres evangelizados, haciéndolos acceder a la filiación divina,
que Cristo conquistó para cada uno de los hombres y que se
comunica a los fieles en el bautismo. De hecho, esto ha favorecido
en general el progreso de esos pueblos hacia la libertad y su desarrollo incluso en el plano económico-social.

C A T E Q U E S I S   D E L   P A P A   S O B R E   L A   M I S I Ó N   Y   L A S   M I S I O N E S ,
3 de mayo de 1995

Además, debemos estar profundamente convencidos de que la
evangelización constituye también un óptimo servicio prestado a
la humanidad, puesto que la dispone a realizar el proyecto de
Dios, que quiere unir consigo a todos los hombres, haciendo de

ellos un pueblo de hermanos sin injusticias y animados por sentimientos de auténtica solidaridad.

MENSAJE PARA LA JORNADA MUNDIAL DE LAS MISIONES,
22 de octubre de 2000

Educación católica

El primer principio de la doctrina social de la Iglesia, de la que se derivan todos los otros: el centro del orden social es el hombre, considerado en su dignidad inalienable como una criatura hecha "a imagen de Dios". El valor de la sociedad viene del valor del hombre, y no viceversa.

LA ENSEÑANZA DE LA IGLESIA, 9 de septiembre de 1993

Convertido en un fenómeno casi universal, el deporte tiene indiscutiblemente su lugar en una visión cristiana de la cultura, y puede favorecer a la vez la salud física y las relaciones interpersonales ya que establece relaciones y contribuye a forjar un ideal. Pero puede también desnaturalizarse por intereses comerciales, convertirse en vehículo de rivalidades nacionales o raciales, dar lugar a brotes de violencia... Así, es un lugar importante para una pastoral moderna de la cultura.

PARA UNA PASTORAL DE LA CULTURA. DOCUMENTO DEL CONSEJO
PONTIFICIO DE LA CULTURA, 23 de mayo de 1999

Más que nunca, la Iglesia debe asumir las palabras del apóstol: "¡Ay de mí si no evangelizo!" (1 Cor 9, 16).

MENSAJE DEL DÍA DE LA MISIÓN MUNDIAL,
18 de octubre de 1981

Educadores, se os ha confiado la responsabilidad de orientar a las jóvenes generaciones hacia una auténtica cultura del amor, ofreciendo en vosotros mismos una guía y un ejemplo de fidelidad a los valores ideales que dan sentido a la vida.

DISCURSO A LA CONFERENCIA DEL SIDA EN EL VATICANO,
15 de noviembre de 1989

En la historia de vuestro país, un instrumento extremadamente efectivo de la educación católica ha sido la escuela católica. Ha contribuido enormemente a la diseminación de la palabra de Dios y ha permitido que los fieles "relacionen sus asuntos y actividades humanas con los valores religiosos en una única síntesis de vida". En la comunidad formada por la escuela católica, el poder del Evangelio ha afectado las formas de pensamiento, los criterios de juicio y las normas de comportamiento.

DISCURSO A LOS OBISPOS DE ESTADOS UNIDOS,
17 de noviembre de 1983

Históricamente, la Iglesia fue la fundadora de las universidades. Durante siglos se desarrolló allí una concepción del mundo en la cual los conocimientos de la época se situaban dentro de la visión más amplia de un mundo creado por Dios y redimido por nuestro Señor Jesucristo. En consecuencia, muchos de sus hijos se consagraron a la enseñanza y a la investigación para iniciar a generaciones de estudiantes en los varios grados de erudición dentro de una visión total del hombre, incluyendo especialmente una consideración de las razones últimas de su existencia.

DISCURSO A LOS ESTUDIANTES DE ZAIRE,
29 de mayo de 1980

Como institución, la escuela católica se merece un juicio muy favorable si aplicamos un buen criterio, "Por sus frutos os conoceréis" (Mt 7, 16), y otra vez, "Por sus frutos, pues, os conoceréis" (Mt 7, 20). Es fácil, pues, en el ambiente cultural de los Estados Unidos explicar la sabia exhortación del nuevo Código: "Fomentarán los fieles las escuelas católicas, ayudando en la medida de sus fuerzas a crearlas y sostenerlas" (Código de las leyes canónicas, n. 800, 2).

DISCURSO A LOS OBISPOS DE ESTADOS UNIDOS,
17 de noviembre de 1983

La educación católica en vuestra tierra también ha fomentado numerosas vocaciones a través de los años. Vosotros mismos tenéis una gran deuda de agradecimiento a esa educación católica que os permitió comprender y aceptar la llamada del Señor. Entre otras contribuciones de la educación católica está la calidad de los ciudadanos que fuisteis capaces de producir: hombres y mujeres íntegros que contribuyeron al bienestar de América, y que con caridad cristiana trabajaron para servir a todos sus hermanos y hermanas. La educación católica ha sido un testigo excelente del compromiso perenne de la Iglesia con culturas de todos tipos. Ha ejercido un papel profético —ayudar a que la fe penetre la cultura. Los logros de la educación católica en América merecen nuestro gran respeto y admiración.

DISCURSO A LOS OBISPOS DE ESTADOS UNIDOS,
17 de noviembre de 1983

Todavía hay, sin embargo, una deuda de agradecimiento que hay que pagar ante el testimonio de la historia, a los padres que han apoyado todo un sistema de educación católica; a las parroquias que han coordinado y sostenido estos esfuerzos; a las diócesis que han promocionado programas de educación y ofrecido medios de apoyo, especialmente en zonas pobres; a los maestros —que siempre incluyeron un cierto número de generosos laicos, hombres y mujeres— que con dedicación y sacrificio fueron campeones de la causa de ayudar a los jóvenes a alcanzar madurez en Cristo.

DISCURSO A LOS OBISPOS DE ESTADOS UNIDOS,
17 de noviembre de 1983

El Catecismo es verdaderamente un don providencial de Dios a toda la Iglesia y a todos los cristianos en el umbral del nuevo milenio. Pido a Dios que la Iglesia en los Estados Unidos reconozca en el Catecismo una guía autorizada para una predicación recta y ardiente, una fuente inestimable para los programas parroquiales de formación de adultos y un texto básico para los cursos superiores de los institutos, colegios y universidades católicos. El Catecismo presenta de modo claro y completo la riqueza de la doctrina sacramental de la Iglesia, basada en sus fuentes genuinas: la Sagrada Escritura y la Tradición, tal como la testimonian los padres, los doctores y los santos, y también la enseñanza constante del Magisterio.

DISCURSO *AD LIMINA* A LOS OBISPOS ESTADOUNIDENSES DE
ALABAMA, KENTUCKY, LOUISIANA, MISSISSIPPI
Y TENNESSEE, 5 de junio de 1993

El mal

La redención siempre es más poderosa que el pecado del hombre y el "pecado del mundo". El poder de la redención es infinitamente superior a todo el ámbito del mal en el hombre y en el mundo.

MENSAJE DE FÁTIMA, 13 de mayo de 1982

La contraposición de la bondad y la maldad es la historia del hombre, destruyendo la inocencia original en el corazón del hombre y de la mujer. "Aunque puestos por Dios en un estado de rectitud, el hombre, tentado por el mal, abusó de su libertad al comienzo de la historia. Se levantó contra Dios y trató de realizar su meta lejos de Él". Desde entonces, "la vida entera de los hombres, individual y social, empieza a ser una batalla, y una batalla dramática, entre el bien y el mal, entre la luz y la oscuridad. Pues el pecado llevó al hombre a un estado inferior, alejándolo de la plenitud que debe obtener" (*Gaudium et Spes,* 13).

HOMILÍA EN LA MISA DEL COMIENZO DEL SÍNODO
DE OBISPOS, 29 de septiembre de 1983

El ecumenismo

No existe verdadera paz si no se funda en un proceso de unificación en el que cada pueblo pueda elegir, en la libertad y la verdad, los caminos de su desarrollo. Por otra parte, dicho proceso resulta imposible si falta un acuerdo sobre la unidad originaria y fundamental que se manifiesta bajo diversas formas no antagónicas, sino complementarias, las cuales se necesitan y se buscan recíprocamente.

CARTA APOSTÓLICA SOBRE EL MILENIO DEL BAUTISMO DE
KIEVAN RUSS *(Euntes in mundum),* 1989

Entre la Iglesia Católica y las otras iglesias y comunidades eclesiales existe un esfuerzo de comunión que tiene su raíz en el bautismo administrado en cada una de ellas. Este esfuerzo se alimenta mediante la oración, el diálogo y la acción común.

ECCLESIA EN AMÉRICA. EXHORTACIÓN APOSTÓLICA
POSTSINODAL, 22 de enero de 1999

De ello resulta inequívocamente que el ecumenismo, el movimiento a favor de la unidad de los cristianos, no es sólo un mero "apéndice", que añade a la actividad tradicional de la Iglesia. Al contrario, pertenece orgánicamente a su vida y a su acción y debe, en consecuencia, inspirarlas y ser como el fruto de un árbol que, sano y lozano, crece hasta alcanzar su pleno desarrollo.

CARTA ENCÍCLICA SOBRE EL EMPEÑO ECUMÉNICO
(Ut unum sint), 1995

Esperamos con ilusión la celebración de los dos mil años de la Palabra que se hizo carne y puso su morada entre nosotros (cfr. Jn 1, 14). Se trata de una oportunidad para proclamar nuevamente nuestra fe común en Dios, quien amó tanto al mundo, que envió a su Hijo, no para condenarlo, sino para que se salve por Él (cfr. Jn 3, 16–17). Alentamos a los anglicanos y a los católicos, con todos sus hermanos cristianos, a orar y celebrar juntos, y a dar un testimonio común en el año 2000. Hacemos este llamamiento con espíritu de humildad, reconociendo que sólo daremos un testimonio plenamente creíble cuando los anglicanos y los católicos, con todos nuestros hermanos cristianos, alcancemos la plena unidad visible, que corresponde a la oración de Cristo: "Que todos sean uno...para que el mundo crea" (Jn 17, 21).

DECLARACIÓN COMÚN DEL PAPA JUAN PABLO II Y EL DOCTOR
GEORGE L. CAREY, ARZOBISPO DE CANTERBURY,
5 de diciembre de 1996

En una línea, la Iglesia católica no busca más que la plena comunión entre Oriente y Occidente. Para ellos se inspira en la experiencia del primer milenio...¿Cómo reconstruir la unidad después de casi mil años? Esta es la gran tarea que debe asumir y que corresponde también a la Iglesia ortodoxa. De ahí se comprende la gran actualidad del diálogo, sostenido por la luz y la fuerza del Espíritu Santo.

CARTA ENCÍCLICA SOBRE EL EMPEÑO ECUMÉNICO
(Ut unum sint), 1995

En estos momentos llenos de alegría y después de experimentar una profunda comunión espiritual que deseamos compartir con los pastores y con los fieles tanto en Occidente como en Oriente, levantamos nuestros corazones hacia Él que es la cabeza, Cristo. De Él recibe el cuerpo entero la concordia y la unión, gracias a todos los miembros que lo sirven a través de una actividad compartida de acuerdo con la capacidad de cada uno. Así el cuerpo realiza su crecimiento natural. Así el cuerpo se edifica a sí mismo en el amor (cf. Ef 4, 16).

DECLARACIÓN CONJUNTA DEL PAPA JUAN PABLO II Y DEL
PATRIARCA DIMITRIOS I, 7 de diciembre de 1987

Las iglesias de Occidente y de Oriente, a través de los siglos, han celebrado juntas los concilios ecuménicos que han proclamado y defendido "la fe que de una vez por todas fue transmitida a los santos" (Judas 3). "Llamados a la única esperanza" (Ef 4, 4), esperamos el día deseado por Dios cuando la unidad redescubierta en la fe será celebrada y cuando la comunión plena será restablecida por una concelebración de la Eucaristía del Señor.

DECLARACIÓN CONJUNTA DEL PAPA JUAN PABLO II Y DEL
PATRIARCA DIMITRIOS I, 7 de diciembre de 1987

Las artes

Cada obra de arte, sea religiosa o secular, se trate de un cuadro, una escultura, un poema o cualquier otra forma de artesanía hecha con amorosa maestría, es un signo y un símbolo del inescrutable secreto de la existencia humana, del origen y el destino del hombre, del significado de su vida y su trabajo. Nos habla del sentido del nacer y del morir, de la grandeza del hombre.

DISCURSO EN CLONMACNOISE *(Irlanda), 3*0 de septiembre de 1979

Durante mucho tiempo, la Iglesia fue considerada la madre de todas las artes. Fue la Iglesia la que comisionaba obras de arte. Los contenidos de la fe cristiana determinaban los temas del arte. Esta verdad se puede demostrar si uno se para a pensar qué permanecería si todo el arte inspirado por la religión cristiana fuera sacado de la historia del arte de Alemania y de Europa en general. En siglos recientes, especialmente desde 1800, la conexión entre la Iglesia y la cultura, y así entre la Iglesia y el arte, se ha vuelto más tenue.

DISCURSO EN MUNICH, 19 de noviembre de 1980

Hoy, la literatura, el teatro, el cine y las artes visuales ven su función mayormente en términos de la crítica, la protesta, la oposición y la acusación a las condiciones que existen. La belleza como categoría del arte parece haber decaído, y en su lugar han surgido representaciones del hombre en sus aspectos negativos, en sus contradicciones, en su desesperanza y en la ausencia de sentido. Este parece ser el *ecce homo* del momento actual. El así llamado "mundo intacto" es un objeto de desprecio y de cinismo.

DISCURSO EN MUNICH, 19 de noviembre de 1980

Pascua

¡Este es el día que el Señor ha hecho para nosotros! El día de un gran testimonio y de un gran reto. El día de la gran respuesta de Dios a los continuos interrogantes del hombre. Interrogantes sobre el hombre, su origen y su destino, sobre el significado y la dimensión de su existencia. Este es el día que el Señor ha hecho para nosotros. "Cristo, el cordero Pascual, se ha sacrificado" (1 Cor 5, 7). *Pasch* significa lo que pasa. El paso de Cristo por la historia humana. El paso por la inevitabilidad de la muerte humana, que desde el principio hasta el final es la entrada a la eternidad. El paso por la historia del pecado humano, que en el corazón de Dios es la muerte del hombre: el paso a la vida en Dios.

MENSAJE DE PASCUA, 30 de marzo de 1986

"Este es el día que ha hecho el Señor" (Sal 118, 24). Este día reconfirma esta verdad para nosotros: Dios no se "resigna" a la muerte del hombre. Cristo vino al mundo para convencerlo de esto. Cristo murió en la cruz y fue puesto en la tumba para ser testimonio precisamente a esta realidad: Dios no se "resigna" a la muerte del hombre. Pues "no es un Dios de los muertos, sino de los vivientes" (Mt 22, 32). En Cristo la muerte se ha deificado. Cristo por Su muerte ha conquistado la muerte. Contemplad el día que ha hecho el Señor. Este es el día del gran alzamiento: Su alzamiento contra la muerte.

La última palabra de Dios sobre la condición humana no es la muerte sino la vida; no la desesperación sino la esperanza. A esta esperanza la Iglesia también invita a hombres y mujeres de hoy. Les repite la proclamación increíble pero verdadera: ¡Cristo ha resucitado! ¡Que todo el mundo resucite con Él! ¡Aleluya!

MENSAJE DE PASCUA, 30 de marzo de 1986

AGRADECIMIENTOS

Los editores quisieran agradecer a Christopher Lee, Thomas Kelly, y en especial a Anna Bonta, por su asistencia de investigación. Fuimos particularmente afortunados en tener al Padre John White como asesor sobre puntos teológicos en el manuscrito, como autor de la introducción estupenda a este volumen y, lo más importante, como amigo. Reconocemos la contribución de publicaciones de las Ediciones Paulinas, que publican todas las encíclicas, cartas apostólicas y otros documentos de la Santa Sede y del Papa Juan Pablo II a precios razonables. También estamos agradecidos al Padre Jude del Seminario de St. Hyacinth, a Beverly Wilson de la biblioteca del Seminario de St. Hyacinth y la Hermana Regina Melican del Seminario de San José por su asistencia en la recopilación de material. Y agradecemos de forma particular a la Librería Editrice Vaticana por el permiso de reimprimir las palabras del Papa.

Karen Levine y John Loudon de HarperCollins San Francisco han sido extremadamente diligentes en su ayuda en la producción de este libro, por lo cual estamos muy agradecidos. Dawn Davis de Vintage Books fué instrumental en ayudarnos juntar esta edición revisada.

CRONOLOGÍA DE LA VIDA DE KAROL JÓZEF WOJTYLA, EL PAPA JUAN PABLO II

---

18 DE JULIO, 1879. El padre de Karol, llamado Karol Wojtyla, hijo de un gran sastre, nace en Lipnik, Polonia.

26 DE MARZO, 1884. La madre de Karol, Emilia Kaczorowska, hija de un vendedor de sillas de montar, nace en Cracovia.

27 DE AGOSTO, 1906. Nacimiento del hermano de Karol, Edmundo.

18 DE MAYO, 1920. Karol Józef Wojtyla nace en Wadowice y se bautiza el 20 de junio.

15 DE SEPTIEMBRE, 1926. Karol empieza a ir a la escuela.

13 DE ABRIL, 1929. La muerte de la madre de Karol.

5 DE DICIEMBRE, 1932. El hermano de Karol, Edmundo, ya médico, muere.

OTOÑO DE 1934. Karol empieza a actuar en obras teatrales.

3 DE MAYO, 1938. Karol se confirma.

27 DE MAYO, 1938. Karol es nombrado abanderado de la clase y se gradúa de la escuela secundaria.

VERANO DE 1938. Karol se hace miembro de "Studio 38", un grupo de teatro experimental fundado por Tadeusz Kudlinski.

AGOSTO DE 1938. Empieza a estudiar en la Universidad de Jagiellonia en Cracovia.

JULIO DE 1939. Completa el entrenamiento militar con la Legión Académica.

NOVIEMBRE DE 1939. Casi 200 profesores de su universidad son tomados presos y deportados a un campo de concentración. Karol empieza sus estudios clandestinos y actividades culturales de resistencia.

PRIMAVERA A VERANO DE 1940. Karol escribe dos ensayos, *Job: Un drama del Antiguo Testamento* y *Jeremiah: Un drama nacional en tres actos.*

18 DE FEBRERO, 1941. Su padre, un oficial del ejército polaco jubilado, muere.

OTOÑO DE 1942. Karol empieza sus estudios clandestinos como seminarista con la Arquidiócesis de Cracovia.

ENERO DE 1945. Los nazis se van de Cracovia, y el Ejército Rojo entra.

1 DE NOVIEMBRE, 1946. Karol entra al sacerdocio.

NOVIEMBRE DE 1946 A JUNIO DE 1948. Estudios graduados en Roma. Wojtyla recibe su primer doctorado.

28 DE JULIO, 1948. Primer puesto como sacerdote parroquial en Niegowic, Polonia.

1949–1950. Wojtyla publica un ensayo, *El hermano de nuestro Dios* y una serie de poemas *Canto del agua brillante.*

AGOSTO DE 1950. Vuelve a Cracovia a ser asistente del pastor en San Florián.

1957–1958. Publica dos series más, *Perfiles de un cirineo* y *La presa.*

ENERO DE 1954. Recibe el segundo doctorado en teología de la Universidad de Jagiellonia.

1 DE DICIEMBRE, 1956. Nombrado a la Cátedra de Ética en la Universidad Católica de Lublin.

4 DE JULIO, 1958. Wojtyla fue nombrado obispo auxiliar de Cracovia por el Papa Pío XII.

ENERO DE 1960. Su libro, *Amor y responsabilidad,* se publica.

DICIEMBRE DE 1960. Se publica un ensayo de Wojtyla, *El negocio del joyero.*

11 DE OCTUBRE, 1962. Abre el Concilio Vaticano II.

NOVIEMBRE DE 1962. Wojtyla habla ante el Concilio sobre la reforma litúrgica, y habla durante la discusión del Concilio sobre la revelación.

30 DE DICIEMBRE, 1962. Wojtyla es nombrado obispo metropolitano de Cracovia.

NOVIEMBRE DE 1963. La serie de poemas de Wojtyla sobre el Vaticano II, *La Iglesia,* se publica.

30 DE DICIEMBRE, 1963. El Papa Pablo VI nombra a Karol Wojtyla arzobispo de Cracovia.

25 DE SEPTIEMBRE, 1964. Ofrece un discurso ante el Vaticano II sobre la libertad de religión.

JUNIO DE 1965. La colección de poemas, *Lugares sagrados,* fue publicado.

28 DE SEPTIEMBRE, 1965. Habla en el Vaticano II sobre el ateísmo moderno.

28 DE JUNIO, 1967. Wojtyla fue nombrado cardenal por el Papa Pablo VI.

OTOÑO DE 1969. Wojtyla viaja por Canadá y los Estados Unidos, establece el Instituto de la Arquidiócesis de Estudios Sobre la Familia, y toma parte en el Sínodo de Obispos Internacional en Roma.

1969. Wojtyla publica un libro importante de filosofía, *La persona y el acto.*

1970. Publica *Fuentes de renovación,* una guía para los documentos del Vaticano II.

FEBRERO DE 1973. Wojtyla representa a la Iglesia polaca en el Congreso Internacional de la Eucaristía en Melbourne.

16 DE ABRIL, 1974. Wojtyla dicc unas palabras en el funeral del Cardenal Stefan Trochta, pronunciándose en contra del régimen comunista de Polonia.

MAYO DE 1975. El ciclo de poemas *Meditaciones sobre la muerte* se publica.

VERANO DE 1976. Wojtyla asiste al Congreso Internacional de la Eucaristía en Filadelfia.

6 DE AGOSTO, 1978. Muere Pablo VI.

25 DE AGOSTO, 1978. Albino Luciani es seleccionado como el Papa Juan Pablo I. Muere el 29 de septiembre.

16 DE OCTUBRE, 1978. Karol Wojtyla es elegido Papa.

11 DE DICIEMBRE, 1978. Juan Pablo II da un discurso sobre la libertad de religión en el trigésimo aniversario de la Declaración Universal de los Derechos Humanos.

4 DE MARZO, 1979. Se publica la primera encíclica de Juan Pablo II, *Redemptor hominis.*

2 AL 10 DE JUNIO, 1979. Juan Pablo II visita Polonia por primera vez ya siendo Papa.

29 DE SEPTIEMBRE AL 1 DE OCTUBRE, 1979. Primera peregrinación del Papa a Irlanda.

1 AL 7 DE OCTUBRE, 1979. Primera peregrinación dcl Papa Juan

Pablo II a los Estados Unidos, donde ofrece un discurso a las Naciones Unidas en Nueva York.

AGOSTO DE 1980. El movimiento sindical Solidaridad nace en Gdansk. El Papa Juan Pablo II escribe a los líderes de la Iglesia polaca apoyando las demandas de los trabajadores que están en huelga.

DICIEMBRE DE 1980. El Papa Juan Pablo II le escribe a Leónidas Brezhnev apoyando la soberanía polaca.

15 DE ENERO, 1981. Recibe una delegación de Solidaridad en el Vaticano.

13 DE MAYO, 1981. Juan Pablo II es herido por Mehmet Ali Agca en la Plaza de San Pedro.

DICIEMBRE DE 1981. El General Jaruzelski impone la ley marcial en Polonia y empieza a encarcelar a muchos miembros de Solidaridad. El Papa Juan Pablo le escribe a Jaruzelski pidiéndole que pare la violencia.

1 DE ENERO, 1982. El Papa Juan Pablo denuncia la "paz falsa" de los estados totalitarios en un mensaje del Día Mundial de la Paz.

7 DE JUNIO, 1982. Juan Pablo se reúne con Ronald Reagan en el Vaticano.

JUNIO DE 1983. Segunda peregrinación a Polonia.

JULIO DE 1983. Jaruzelski pone fin a la ley marcial.

OCTUBRE DE 1983. Lech Walesa gana el Premio Nobel de la Paz.

NOVIEMBRE DE 1983. El Papa manda una carta a Deng Xiaoping pidiendo contacto directo con el gobierno chino.

ENERO DE 1984. Se establecen relaciones diplomáticas entre los Estados Unidos y el Vaticano.

24 DE JUNIO, 1985. La comisión de las relaciones religiosas con los judíos publica *Notas sobre la forma correcta de presentar a los judíos y al judaísmo en la predicación y el catecismo de la Iglesia católica.*

19 DE AGOSTO, 1985. Juan Pablo habla con una gran audiencia de musulmanes en Casablanca.

13 DE ABRIL, 1986. Juan Pablo se presenta en la sinagoga de Roma para hablar a la comunidad judía romana.

OTOÑO DE 1986. Juan Pablo viaja a Bangladesh, Singapore, Fiji, Nueva Zelanda, Australia y las Seychelles.

10 AL 21 DE SEPTIEMBRE, 1987. Segunda peregrinación de Juan Pablo a los Estados Unidos.

7 DE JUNIO, 1988. Juan Pablo le escribe a Mikhail Gorbachev, iniciando conversaciones con el líder soviético.

15 DE AGOSTO, 1988. Se publica la carta apostólica sobre la dignidad de la mujer (*Mulieris dignitatem*).

INVIERNO A PRIMAVERA DE 1989. Solidaridad gana las elecciones en Polonia.

12 DE SEPTIEMBRE, 1989. El primer líder que no es comunista desde la posguerra en Polonia, Tadeusz Masowiecki, comienza como primer ministro.

1 DE DICIEMBRE, 1989. Mikhail Gorbachev visita a Juan Pablo en el Vaticano.

1 DE MARZO, 1990. El Vaticano establece relaciones diplomáticas con la Unión Soviética.

15 DE ENERO, 1991. Juan Pablo urge, en cartas a George Bush y Saddam Hussein, que se negocie la terminación de la crisis en el Golfo Pérsico.

15 DE JULIO, 1992. Juan Pablo es operado por un tumor intestinal benigno.

31 DE OCTUBRE, 1992. Juan Pablo, al recibir el reportaje de la comisión papal sobre Galileo, urge un diálogo entre la ciencia y la religión.

5 DE DICIEMBRE, 1992. Juan Pablo afirma que existe el deber de intervención en casos posibles de genocidio.

9 DE ABRIL, 1993. Juan Pablo le escribe a las monjas carmelitas de un convento cerca de Auschwitz, sugiriéndoles que encuentren otra ubicación para el convento.

SEPTIEMBRE DE 1993. Peregrinaciones del Papa a Lituania, Latvia y Estonia.

11 DE NOVIEMBRE, 1993. El Papa Juan Pablo sufre una lesión en la espalda.

25 DE MARZO, 1994. Se publica la undécima encíclica del Papa, *Evangelium vitae*.

7 DE ABRIL, 1994. Juan Pablo va a un concierto en memoria del Holocausto en Roma.

28 DE ABRIL, 1994. Juan Pablo se fractura una pierna y le tienen que reemplazar la articulación de la cadera.

29 DE SEPTIEMBRE, 1994. El primer embajador de Israel al Vaticano presenta sus credenciales a Juan Pablo II.

19 DE OCTUBRE, 1994. Se publica el libro del Papa, *Cruzando la barrera de la esperanza.*

25 DE OCTUBRE, 1994. La Organización Palestina de Liberación y el Vaticano establecen relaciones oficiales.

ENERO A DICIEMBRE DE 1995. El Papa Juan Pablo ofrece varias solicitudes por la paz en los Balcanes.

15 DE ENERO, 1995. Juan Pablo ofrece una misa para una multitud enorme en Manila en el quinto Día Mundial de la Juventud Internacional.

4 AL 15 DE SEPTIEMBRE, 1995. La cuarta Conferencia Mundial Sobre la Mujer tiene lugar en Beijing.

5 DE OCTUBRE, 1995. Juan Pablo presenta un discurso a la quincuagésima reunión de la Asamblea General de las Naciones Unidas durante su peregrinación a los Estados Unidos.

MARZO DE 1996. Primera peregrinación a la Alemania reunificada.

8 DE OCTUBRE, 1996. Juan Pablo se opera de apendicitis.

15 DE NOVIEMBRE, 1996. Se publican las memorias de Juan Pablo, *Don y misterio.*

DICIEMBRE DE 1996. El arzobispo de Canterbury visita Roma.

5 DE SEPTIEMBRE, 1997. Muere la Madre Teresa en Calcuta.

ENERO DE 1998. Primera peregrinación a Cuba.

16 DE MARZO, 1998. La comisión de las relaciones religiosas con los judíos publica *Nos recordamos: Una reflexión sobre la* Shoah.

18 DE OCTUBRE, 1998. Juan Pablo II celebra el vigésimo aniversario de su papado con una misa en la Plaza de San Pedro.

4 DE ABRIL, 1999. Juan Pablo II renueva su solicitud por la paz en Kosovo en su mensaje de Pascua *Urbi et Orbi.*

26 DE ABRIL, 1999. Juan Pablo II recibe una audiencia del ministro de asuntos exteriores de Israel, Ariel Sharon.

31 DE OCTUBRE, 1999. La Iglesia católica y la Federación Luterana Mundial firman la Declaración Conjunta sobre la doctrina de la justificación.

24 DE DICIEMBRE, 1999. Empieza el Gran Año de Jubileo 2000. Se abre la Santa Puerta de la Basílica de San Pedro.

15 DE FEBRERO, 2000. Audiencia del Papa con Yasir Arafat, pre-

sidente de la autoridad palestina, y se firma el acuerdo entre la Santa Sede y la Organización Palestina de Liberación.

20 AL 26 DE MARZO, 2000. Peregrinación del Jubileo a Jordán, Territorios Autónomos de la Autoridad Nacional Palestina e Israel.

13 DE JUNIO, 2000. Juan Pablo II expresa su satisfacción por la clemencia otorgada a Ali Agca por el presidente de Italia.

3 DE SEPTIEMBRE, 2000. Beatificación de los Papas Pío IX y Juan XXIII.

17 DE OCTUBRE, 2000. Visita oficial al Vaticano de la Reina Isabel II de Inglaterra y el Príncipe Felipe.

Bibliografía

La siguiente bibliografía de ninguna manera pretende ser completa o sistemática, pero provee al lector de traducciones disponibles en español de las encíclicas, muchas cartas apostólicas importantes, exhortaciones apostólicas, más cientos de discursos y sermones. Casi todos los discursos del Papa están publicados en periódicos, especialmente en *L'Osservatore Romano* del Vaticano, que es una edición semanal publicada en español (como también en otros idiomas).

Acercarse a Dios (Ann Arbor, MI: Servant Books, 1987).

Alemania: Peregrinación de la unidad y la paz (Boston: St. Paul Editions, 1981).

El amor fructífero y responsable (Nueva York: Seabury Press, 1979).

El amor y la responsabilidad (San Francisco: Ignatius Press, 1993).

Un año con el Papa Juan Pablo II: Lecturas para todos los días del año (Nueva York: Crossroad Publishing, 1981).

Benditos sean los puros de corazón: Catequesis sobre el sermón del monte y las escrituras de San Pablo (Boston: St. Paul Editions, 1983).

Brasil: Un paseo a la luz de la Eucaristía: Sermones (Boston: St. Paul Editions, 1980).

El camino a Cristo: Ejercicios espirituales (Nueva York: HarperCollins, 1994).

El camino del lejano oriente de la paz y la hermandad (Boston: St. Paul Editions, 1981).

Carta apostólica de Su Santidad el Papa Juan Pablo II sobre el sentido cristiano del sufrimiento humano (Boston: St. Paul Editions, 1984).

Carta apostólica, Tertio millennio adveniente, Papa Juan Pablo II (Santa Fe de Bogotá, Colombia: Paulinas, 1995).

Carta a las familias, Papa Juan Pablo II (Santa Fe de Bogotá, Colombia: Paulinas, 1994).

Carta encíclica, Centesimus annus: *Centenario de la rerum novarum,* Papa Juan Pablo II (Bogotá, Colombia: Paulinas, 1991).

Carta encíclica, Dives in misericordia, *sobre la misericordia divina,* Papa Juan Pablo II (Bogotá, Colombia: Paulinas, 1986).

Carta encíclica: El esplendor de la verdad, Papa Juan Pablo II (Bogotá, Colombia: Paulinas, 1993).

Carta encíclica: El Evangelio de la vida, Papa Juan Pablo II (Bogotá, Colombia: Paulinas, 1995).

Carta encíclica, Laborem exercens, *sobre el trabajo humano,* Papa Juan Pablo II (Bogotá, Colombia: Paulinas, 1985).

Carta encíclica, Sollicitudo rei socialis, *solicitud social,* Papa Juan Pablo II (Bogotá, Colombia: Paulinas, 1993).

Carta del Pontífice Supremo, el Papa Juan Pablo II, a todos los obispos de la Iglesia sobre el misterio de la Eucaristía (Boston: St. Paul Editions, 1980).

Carta sobre el sentido cristiano del sufrimiento humano, Papa Juan Pablo II (Santa Fe de Bogotá, Colombia: Paulinas, 1991).

Charlas de Juan Pablo II, compiladas por las hijas de San Pablo (Boston: St. Paul Editions, 1979).

Creo en la juventud, Cristo cree en la juventud: A los jóvenes del mundo (Boston: St. Paul Editions, 1981).

Cruzando el límite de la esperanza (Nueva York: Alfred Knopf, 1994).

Dios, Padre y Creador: Una catequesis sobre el Credo, Vol. 1 (Boston: Pauline Books and Media, 1996).

El don y el misterio: En el quincuagésimo aniversario de mi ordenación al sacerdocio (Nueva York: Doubleday, 1996).

Las encíclicas de Juan Pablo II, editada e introducida por J. Michael Miller, CSB (Huntington, Indiana: Our Sunday Visitor Publishing Division, 1996).

Ensayos sobre la libertad religiosa (Milwaukee: Catholic League for Religious and Civil Rights, 1984).

Ensayos y manuscritos completos sobre el teatro (Berkeley: University of California Press, 1987).

El espíritu, dador de vida y amor: Una catequesis sobre el Credo, Vol. 3 (Boston: Pauline Books and Media, 1996).

El Evangelio de la vida, la encíclica papal Evangelium vitae (1995 En Origins: CNS Documentary service, 6 de abril, 1995).

Exhortación apostólica, Catechesi tradendae, *la catequesis en nuestro tiempo,* Papa Juan Pablo II (Bogotá, Colombia: Paulinas, 1991).

Exhortación apostólica, Familiaris consortio, Papa Juan Pablo II (Bogotá, Colombia: Paulinas, 1994).

Exhortación apostólica postsinodal: Los fieles laicos, Papa Juan Pablo II (Bogotá, Colombia: Paulinas, 1993).

Exhortaciones apostólicas postsinodales de Juan Pablo II, edición y prólogo de J. Michael Miller, CSB (Huntington, Indiana: Our Sunday Visitor Publishing Division, 1998).

La familia: El centro del amor y de la vida, compilación e índice por las hijas de San Pablo (Boston: St. Paul Editions, 1981).

Francia: La Mensaje de la paz, la confianza, el amor y la fe (Boston: St. Paul Editions, 1980).

Fuentes de renovación: La implementación del Segundo Concilio del Vaticano (San Francisco: Harper & Row, 1980).

Heraldo de la paz: Visita pastoral del Papa Juan Pablo II a Irlanda, ONU y Estados Unidos (España: Libreria Editrice Vaticana, Biblioteca de Autores Cristianos, 1979).

Jesús, Hijo y Salvador: Una catequesis sobre el Credo, Vol. 2 (Boston: Pauline Books and Media, 1996).

Juan Pablo II en los Estados Unidos y en la ONU: Visita pastoral (Buenos Aires, Argentina: Paulinas, 1979).

Juan Pablo II y los laicos (New York: Le Jacq Publishers, 1984).

Juan Pablo II para la paz en el Medio Oriente (La Ciudad del Vaticano: Librería Editrice Vaticana, 1992).

Juan Pablo II, peregrino de la fe (DOCA, Mexico: Documentos, 1979).

El lugar íntimo: La poesía del Papa Juan Pablo II (Nueva York: Random House, 1994).

Por el ministerio del sacerdocio, el don de la salvación: Mensajes de Juan Pablo II a los obispos, sacerdotes y diáconos (Boston: St. Paul Editions, 1982).

No temáis: Juan Pablo II habla sobre su vida, sus creencias y su visión inspiradora para la humanidad (Nueva York: St. Martin's Press, 1984).

A los obispos de los Estados Unidos en sus visitas de Ad Limina: *15 de abril al 3 de diciembre, 1983* (Boston: St. Paul Editions, 1981).

Oraciones y devociones del Papa Juan Pablo II: Pasajes escogidos de sus escrituras y discursos para todos los días del año (Chicago: Regnery Gateway, 1984).

Oraciones y devociones, edición de Peter Canisius Johannes Van Lierde (Nueva York: Viking, 1994).

Pacto de amor: El Papa Juan Pablo II sobre la sexualidad, el matrimonio y la familia en el mundo moderno (Garden City, NY: Doubleday, 1985).

La Palabra se hizo carne: El sentido de los días de la Navidad (Nueva York: HarperCollins, 1994).

El Papa habla a la Iglesia americana: Los sermones, discursos y cartas a los católicos de los Estados Unidos de Juan Pablo (San Francisco: HarperCollins, 1992).

El Papa Juan Pablo II sobre los judíos y el judaísmo: 1979–1986 (Washington, DC: La Conferencia Católica de los Estados Unidos, 1987).

El Papa y la revolución: Juan Pablo II enfrenta la teología de la liberación (Washington, DC: Centro de la Ética y Póliza Publica, 1982).

Peregrinación a Polonia: Sermones (Boston: St. Paul Editions, 1979).

Peregrinación de la paz: Los discursos compilados de Juan Pablo II en Irlanda y los Estados Unidos (Nueva York: Farrar, Strauss, & Giroux, 1980).

Peregrinación espiritual: Textos sobre los judíos y el judaísmo 1979–1995, editado por Eugene Fisher y Leon Klenicki (Nueva York: Crossroad, 1995).

La persona y la comunidad: Ensayos escogidos (Nueva York: P. Lang Publishers, 1993).

Reflexiones Marianas: Los mensajes del Ángelus del Papa Juan Pablo II (Washington, DC: AMI Press, 1990).

Reflexiones sobre Humanae vitae: *Moralidad conjuga y espiritualidad* (Boston: St. Paul Editions, 1984).

Sagrado en todas sus formas (Boston: St. Paul Editions, 1984).

Segunda visita pastoral de Su Santidad el Papa Juan Pablo II a los Estados Unidos de América (Nueva York: Catholic Book Publishing Co., 1987).

Señor y dador de vida: Carta encíclica Dominum et vivificantem *del Pontífice Supremo Juan Pablo II sobre el Espíritu Santo en la vida de la Iglesia y el mundo* (Washington, DC: Conferencia Católica de los Estados Unidos, 1986).

Signo de contradicción (Nueva York: Seabury Press, 1979).

Sobre el trabajo humano, la encíclica Laborem exercens (Boston: St. Paul Editions, 1981).

La teología del cuerpo (Boston: Pauline Books and Media, 1997).

La teología del matrimonio y el celibato. (Boston: St. Paul Editions, 1986).

La unidad original del hombre y la mujer: Catequesis sobre el libro de Génesis (Boston: St. Paul Editions, 1981).